**Resolução pacífica de conflitos:** alternativas para a segurança pública

**EDITORA intersaberes**

*O selo DIALÓGICA da Editora InterSaberes faz referência às publicações que privilegiam uma linguagem na qual o autor dialoga com o leitor por meio de recursos textuais e visuais, o que torna o conteúdo muito mais dinâmico. São livros que criam um ambiente de interação com o leitor – seu universo cultural, social e de elaboração de conhecimentos –, possibilitando um real processo de interlocução para que a comunicação se efetive.*

DIALÓGICA

**EDITORA intersaberes**

Rua Clara Vendramin, 58 . Mossunguê
CEP 81200-170
Curitiba . PR . Brasil
Fone: (041) 2106-4170
www.intersaberes.com
editora@editorainstersaberes.com.br

- Conselho editorial
  Dr. Ivo José Both (presidente)
  Drª Elena Godoy
  Dr. Nelson Luís Dias
  Dr. Neri dos Santos
  Dr. Ulf Gregor Baranow
- Editora-chefe
  Lindsay Azambuja
- Supervisora editorial
  Ariadne Nunes Wenger
- Analista editorial
  Ariel Martins

- Projeto gráfico
  Raphael Bernadelli
- Capa
  Design: Guilherme Yukio Watanabe
  Imagem: Anatoli Styf e oksana2010/Shutterstock
- Diagramação
  Conduta Design
- Iconografia
  Regina Claudia Cruz Prestes

---

Dados Internacionais de Catalogação na Publicação (CIP)
(Câmara Brasileira do Livro, SP, Brasil)

Dorecki, André Cristiano
Resolução pacífica de conflitos: alternativas para a segurança pública/André Cristiano Dorecki. Curitiba: InterSaberes, 2017.

Bibliografia.
ISBN 978-85-5972-288-8

1. Administração de conflitos 2. Conflitos – Resolução (Direito) 3. Mediação 4. Segurança pública I. Título.

16-09325            CDD-363.1

Índices para catálogo sistemático:
1. Segurança pública: Resolução de conflitos: Problemas sociais    363.1

1ª edição, 2017.

Foi feito o depósito legal.

Informamos que é de inteira responsabilidade do autor a emissão de conceitos.

Nenhuma parte desta publicação poderá ser reproduzida por qualquer meio ou forma sem a prévia autorização da Editora InterSaberes.

A violação dos direitos autorais é crime estabelecido na Lei n. 9.610/1998 e punido pelo art. 184 do Código Penal.

# Resolução pacífica de conflitos: alternativas para a segurança pública

André Cristiano Dorecki

apresentação 11

como aproveitar ao máximo este livro 13

Capítulo 1 **Por dentro dos conflitos - 17**

1.1 Definição de conflito - 18
1.2 Causas dos conflitos - 20
1.3 Tipos de conflito - 24
1.4 Formas de incompatibilidade geradoras de conflitos - 28
1.5 Reações comuns perante um conflito - 30
1.6 Posturas e atitudes do mediador perante os conflitos - 34

Capítulo 2 **Resolução pacífica de conflitos - 45**

2.1 Meios para a resolução pacífica de conflitos - 47
2.2 Características da resolução pacífica de conflitos - 48

sumário

2.3 Manejo na resolução pacífica de conflitos - 49
2.4 Formas de realizar a intervenção inicial e o manejo - 52
2.5 Condições e atributos para ser mediador - 53
2.6 Princípios a serem aplicados no manejo de conflitos - 54
2.7 Definição de violência - 56
2.8 Manejo de conflitos envolvendo relações de poder - 59
2.9 Uso diferenciado da força legal - 61
2.10 Harmonia social - 68
2.11 Estratégia para a resolução pacífica de conflitos - 68
2.12 Mediação comunitária - 72
2.13 Definição de capital social - 73
2.14 Técnicas de manejo de conflitos - 74

Capítulo 3 **Estudo das massas - 85**

3.1 Psicologia individual e psicologia das massas - 86
3.2 Psicologia do pânico - 95
3.3 Estabelecimento da liderança em um grupo em conflito - 100
3.4 Papel do operador de segurança pública perante um conflito envolvendo uma massa - 102

Capítulo 4 **Intervenção estratégica em movimentos sociais - 111**

4.1 Movimentos sociais - 113
4.2 Intervenções estratégicas em movimentos sociais - 119
4.3 Mapa estratégico para intervenções policiais - 120
4.4 Práticas a serem adotadas em manifestações populares - 123
4.5 Atuação em situações de greve - 130
4.6 Especificidades de atuação em conflitos por terra ou moradia - 132
4.7 Formas de interação com torcidas organizadas - 139
4.8 Assessoramento do serviço de inteligência ao operacional - 141
4.9 Relacionamento com mídia oficial e não oficial - 143

para concluir... 155
referências 157
respostas 167
sobre o autor 173

*À minha mulher, Vivi, e a meus filhos, Vitor e João, que me apoiaram e apoiam em meus projetos de vida, bem como me proporcionaram tranquilidade para realizar as pesquisas e elaborar este trabalho inovador na área da segurança pública, a qual escolhi como ideal e cuja experiência de mais de 20 anos de profissão ora compartilho com os profissionais que dedicam suas vidas em prol do povo brasileiro.*

*Aos meus familiares, em especial meu pai, Renato (in memoriam), e meu "avô adotivo" Haroldo (avô de minha esposa), exemplos de pessoas trabalhadoras, honestas e éticas em suas atividades profissionais.*

*Aos meus professores, que me ajudaram a me tornar um cidadão de bem e profissional dedicado à causa pública, em um país que tanto carece de exemplos positivos na gestão pública.*

*Aos meus amigos de trabalho, sempre perfilados lado a lado com vistas a uma sociedade mais justa e menos violenta, na qual a resolução pacífica de conflitos emerge como uma alternativa viável.*

*À Polícia Militar do Paraná, instituição da qual faço parte com muito orgulho e na qual luto diariamente para prestar um serviço de qualidade à população paranaense, com seriedade e profissionalismo.*

*Ao Grande Arquiteto do Universo, Senhor dos Exércitos, que, independentemente de credo religioso, guia-nos em nossos afazeres, por mais difíceis que sejam os eventuais caminhos e obstáculos.*

Esta obra deita raízes na necessidade de inserir, de maneira formal, a temática da resolução de conflitos na área da segurança pública, tendo como referência a gestão de conflitos no campo da administração, bem como a mediação, a arbitragem e a conciliação de conflitos no ramo do direito. Interessa-nos também a abordagem da psicologia e da sociologia sobre os conflitos propriamente ditos, abrangendo a resolução pacífica de conflitos e a intervenção estratégica em movimentos sociais na atividade policial.

É importante destacar que as boas práticas devem ser consideradas e, dentro da conveniência, adequadas ao cenário estudado. Fundamentando-nos nesse entendimento, buscamos uma base teórica para oferecer alternativas para a segurança pública, desde ocorrências policiais consideradas corriqueiras – que podem se tornar complexas – até intervenções estratégicas a serem desenvolvidas em ações e operações policiais envolvendo movimentos sociais multitudinários.

A alusão à gestão de conflitos remete às experiências realizadas dentro das instituições. Ao tratarmos da mediação e da conciliação, consideramos a *expertise* que permeia a legislação e a doutrina estabelecida nas câmaras de mediação, conciliação e arbitragem, em que o mediador configura-se como elemento apaziguador da lide.

A psicologia e a sociologia oferecem estudos sobre o homem, as massas, o Estado, a sociedade, o controle social e os eventuais conflitos que deles advêm.

Neste caminho, a resolução de conflitos é apresentada como alternativa viável – inclusive, já muito praticada pelos operadores de segurança pública: em alguns casos, sem o devido conhecimento técnico, mas com base em vasta experiência adquirida. Assim sendo, procuramos evidenciar a possibilidade de unir o conhecimento prático ao referencial teórico, na prevenção da violência e na construção de uma cultura de paz na sociedade.

Boa reflexão!

Este livro traz alguns recursos que visam enriquecer o seu aprendizado, facilitar a compreensão dos conteúdos e tornar a leitura mais dinâmica. São ferramentas projetadas de acordo com a natureza dos temas que vamos examinar. Veja a seguir como esses recursos se encontram distribuídos no decorrer desta obra.

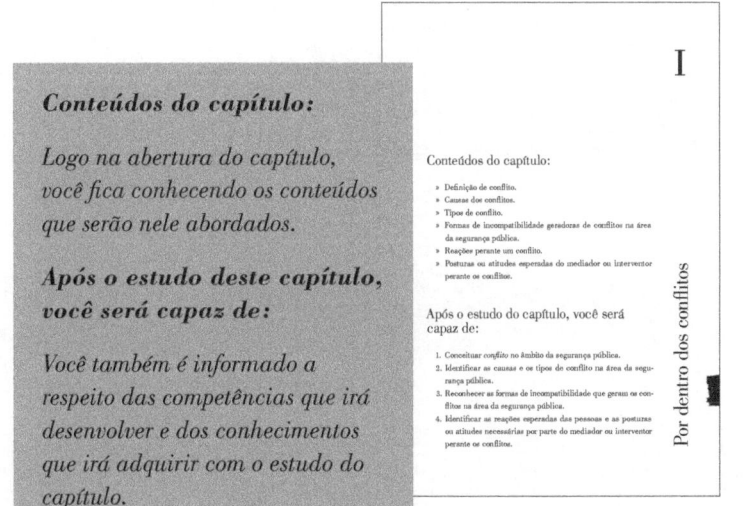

*Conteúdos do capítulo:*

*Logo na abertura do capítulo, você fica conhecendo os conteúdos que serão nele abordados.*

*Após o estudo deste capítulo, você será capaz de:*

*Você também é informado a respeito das competências que irá desenvolver e dos conhecimentos que irá adquirir com o estudo do capítulo.*

*Para saber mais*

*Você pode consultar as obras indicadas nesta seção para aprofundar sua aprendizagem.*

como aproveitar ao máximo este livro

## Para refletir

Nesta seção você dispõe de algumas reflexões dirigidas com base em situações hipotéticas relacionadas aos temas comentados neste livro.

(princípio da publicidade, previsto no art. 37 da Constituição Federal – CF – Brasil, 1988), ou seja, há a obrigação da Administração Pública em divulgá-los à coletividade.

Entretanto, o operador responsável pelo manejo deve levar em conta o direito à intimidade e à vida privada do ser humano (art. 5º, inciso X, CF). Assim, ele deve agir pautado no bom senso para definir o que deve ser de conhecimento público e o que não deve, a fim de proteger a intimidade das partes.

### Para refletir

Imagine-se como operador em uma ocorrência policial em que, ao final, você prestará esclarecimentos ao seu comandante, chefe ou diretor, ou, ainda, terá de fazer uma declaração ao público, por meio da imprensa, de forma ética e que transmita confiança, sem expor as partes em conflito.

Assim, as informações divulgadas no discurso de mediador ou interventor devem ser as essencialmente necessárias para esclarecer o ocorrido e informar o público, com **mensagens facilmente compreensíveis**. Não se pode, igualmente, desconsiderar os aspectos legais relacionados, as normas internas da instituição a que pertence o mediador e os aspectos éticos e morais que concernem ao assunto tratado.

Em suma, o mediador deve ser isento (imparcialidade), demonstrar confiança (credibilidade), ter conhecimento técnico e prático para mediar as discussões entre as partes (competência), saber quais informações tornar ou não de conhecimento público para respeitar a privacidade das partes (coerência e sensibilidade).

---

Esse operador precisa ter credibilidade suficiente a ponto de ser considerado **agente de transformação social**, capaz de proporcionar às partes em conflito a oportunidade de solucioná-lo de uma forma rápida e, até mesmo, menos traumática, conforme o caso.

Em geral, as pessoas veem o conflito como algo desgastante; o mediador, contudo, recebe-o como um desafio a ser enfrentado, cujo objetivo é transpô-lo para alcançar a harmonia e a paz social.

Se os casos de conflito que desencadeiam confrontos, muitas vezes violentos, fossem sanados por meio do diálogo, a abertura de procedimentos e processos, o empenho de profissionais para o esclarecimento e a investigação dos fatos e a mácula na imagem institucional seriam evitados.

Nas instituições públicas, o papel do mediador é de suma importância, pois os resultados positivos nas mediações e intervenções em ocorrências têm o potencial de ampliar os níveis de satisfação da população e a confiança em seus operadores, bem como melhorar o conceito da instituição perante a sociedade.

### Para saber mais

Para ilustrar, indicamos algumas leituras sobre confrontos que envolveram forças de segurança sem a participação de mediadores. Cabe destacar que existem conflitos em que as partes não aceitam o diálogo e tampouco a mediação.

Este primeiro caso contempla o conflito entre a Polícia Militar do Pará e integrantes do Movimento dos Trabalhadores Rurais Sem Terra em 1996. Entre os manifestantes, 19 foram mortos, e dezenas, feridos; e entre os policiais militares que participaram da operação 155 foram indiciados.

### Preste atenção!

Nestes boxes, você confere informações complementares a respeito do assunto que está sendo tratado.

movimentos sociais. Esse fluxo de informações é importante para evitar constrangimentos, pois a intromissão de pessoas que não fazem parte do manejo e, portanto, não conhecem os detalhes do contexto pode fornecer dados incorretos, capazes de gerar notícias equivocadas.

As comissões de intervenção devem ser formadas por especialistas com experiência em mediação de conflitos e, preferencialmente, especialistas em intervenção estratégica em movimentos sociais com conhecimento técnico necessário para realizar o manejo, de acordo com a situação específica. Esse perfil profissional facilita a criação de um vínculo de confiança com os movimentos sociais; profissionais não habilitados até podem obter êxito nos diálogos, mas isso demandaria tempo, algumas barreiras surgiriam e o resultado positivo não viria em curto prazo. Cabe destacarmos que o conhecimento do operador sobre o assunto é testado, por assim dizer, pelas lideranças dos movimentos sociais – e, caso não tenha a resposta correta e oportuna, o operador tende a cair em descrédito, dando a sensação de que a instituição de segurança pública e até o governo desconhecem aquele grupo.

### Síntese

Neste capítulo, conceituamos movimentos sociais, em seus objetivos e suas características, apresentando a estrutura do modelo tradicional e o novo formato desses grupos.

Mostramos o significado e a importância das intervenções estratégicas policiais como alternativa para o manejo de conflitos com movimentos populares, o mapa estratégico a ser aplicado durante essas intervenções, as boas práticas – tanto no planejamento quanto na execução – para os profissionais de segurança pública na garantia do exercício de direitos fundamentais de seus participantes e os

---

## Síntese

*Você dispõe, ao final do capítulo, de uma síntese que traz os principais conceitos nele abordados.*

---

5º. Em seguida, a senhora se levanta pronta para gritar "Ladrão!", mas, antes, observa, na mesa de três daquela em que se encontrava, um café intenso, esfriando. Que conclusões podem ser tiradas do comportamento dos dois personagens?
Comentário:
*O objetivo do estudo de caso é desenvolver os conhecimentos adquiridos no decorrer do capítulo. No caso em pauta, pode-se verificar como uma visão incompleta, em que um juízo de valor equivocado ou um preconceito pode mudar a solução – que, provavelmente, não será a mais justa.*

Questões para revisão

1) Como podem ser definidos os conflitos que surgem na área da segurança pública?

2) Correlacione as causas que originam os conflitos no campo da segurança pública às suas respectivas características.

| Princípios | Características |
|---|---|
| I. Sociais | ( ) Divergências ideológicas |
| II. Econômicas | ( ) Descrédito no governo |
| III. Políticas | ( ) Conflitos raciais |
| IV. Consequentes de calamidades públicas | ( ) Manifestações de fenômenos naturais |
| V. Decorrentes da omissão de autoridades | ( ) Choque entre classes sociais |

Assinale a alternativa que contém a sequência correta de preenchimento dos parênteses:
a. II, IV, III, I, V.
b. V, IV, III, II, I.
c. III, V, II, I, IV.
d. III, V, I, IV, II.

... de incompatibilidade que geram ... segurança pública às suas respectivas ...

Características
( ) Determinação da relevância
( ) Diferença de pontos de vista
( ) Indisposição ao diálogo
( ) Laços de amizade
( ) Expectativas frustradas

... que contém a sequência correta de ...

5) Quais são as características necessárias para ser um mediador?

Questões para reflexão

1) Podem ser estabelecidas similaridades entre o hooliganismo e o nazismo?

2) Como manejar os conflitos nos diferentes comportamentos encontrados nas pessoas a serem mediadas?

---

## Questões para revisão

*Com essas atividades, você tem a possibilidade de rever os principais conceitos analisados. Ao final do livro, o autor disponibiliza as respostas às questões, a fim de que você possa verificar como está sua aprendizagem.*

## Questões para reflexão

*Nessa seção, a proposta é levá-lo a refletir criticamente sobre alguns assuntos e trocar ideias e experiências com seus pares.*

Abordamos as características da liderança entre os operadores de segurança pública para atuar ante um grupo em conflito e o papel do operador de segurança pública perante um conflito que envolve uma massa.

Estudo de caso

No dia 29 de maio de 1985, no Estádio de Heysel, na Bélgica, durante a disputa da final da Liga dos Campeões da Europa, entre Liverpool (Inglaterra), e Juventus (Itália), ocorreu uma das maiores tragédias do esporte mundial. De acordo com informações dos serviços de inteligência belga, inglês e italiano, havia grande probabilidade de confronto entre membros de ambas as torcidas. As autoridades belgas haviam definido medidas preventivas, como proibição da venda de bebida alcoólica nos estabelecimentos comerciais do entorno do estádio, revista de todos os espectadores na entrada do local e, ainda, destacamento de 1.500 policiais para a segurança do evento, inclusive com a separação das torcidas. Apesar de tais ações, os comerciantes venderam bebidas normalmente. Antes de iniciar a partida, uma joalheria foi roubada enquanto torcedores de ambas as equipes travavam ofensas e provocações na entrada do estádio. O planejamento da segurança do evento, que previa a separação das torcidas por setores, com barreiras físicas e linhas de policiais para delimitação entre os grupos, não foi respeitado, ficando apenas uma pequena linha de segurança entre as facções.

Conforme o jogo ocorria, as brigas se agravavam até se tornarem distúrbios fora do controle das autoridades. As grades de proteção que deveriam separar o público cederam à pressão da massa e vários torcedores foram espancados por hooligans, que usaram as barras de ferro das grades como armas, enquanto outros se espilhavam de outro lado até o muro ceder e levar consigo muitos torcedores. O saldo foi de 39 mortos, centenas

## *Estudo de caso*

*Esta seção traz ao seu conhecimento situações que vão aproximar os conteúdos estudados de sua prática profissional.*

# I

# Por dentro dos conflitos

## Conteúdos do capítulo:

» Definição de conflito.
» Causas dos conflitos.
» Tipos de conflito.
» Formas de incompatibilidade geradoras de conflitos na área da segurança pública.
» Reações perante um conflito.
» Posturas ou atitudes esperadas do mediador ou interventor perante os conflitos.

## Após o estudo do capítulo, você será capaz de:

1. Conceituar *conflito* no âmbito da segurança pública.
2. Identificar as causas e os tipos de conflito na área da segurança pública.
3. Reconhecer as formas de incompatibilidade que geram os conflitos na área da segurança pública.
4. Identificar as reações esperadas das pessoas e as posturas ou atitudes necessárias por parte do mediador ou interventor perante os conflitos.

Iniciamos esta obra tratando do conceito de *conflito* e de suas respectivas nuances na área da segurança pública. Em seguida, distinguimos a solução de conflitos de ordem rotineira das intervenções estratégicas em movimentos sociais, tema do Capítulo 4. Para melhor entendimento, apresentamos as principais causas e a tipologia dos conflitos, além das formas de incompatibilidade que geram tais discussões. Com essas informações, você compreenderá as reações esperadas das partes integrantes do problema e identificará o porquê da exigência de determinadas posturas ou atitudes do mediador ou interventor ante os conflitos. Com os conhecimentos assimilados neste capítulo, avançamos para a resolução pacífica de conflitos e, em seguida, para o estudo das massas e a intervenção estratégica em movimentos sociais.

## 1.1 Definição de conflito

Derivado da palavra latina *conflictus*, conflito é a discordância sobre determinado assunto. Dependendo de sua proporção, os conflitos desencadeiam discussões, choques e até mesmo lutas e guerras; por outro lado, podem ensejar soluções e, em alguns casos, evolução de um cenário. Esse conflito ou incompatibilidade pode ocorrer entre pessoas, grupos, organizações ou instituições e até países. Trata-se de um fenômeno essencial para a evolução e a transformação de uma sociedade.

Na percepção geral, os conflitos são vistos negativamente, mas são normais e não devem ser tachados de forma pejorativa. Seu manejo e seus resultados é que definem se houve progresso ou retrocesso. A resolução por meio do diálogo em lugar da violência e a isenção em suas ações são pontos centrais na função de mediador.

Os conflitos surgem em situações em que há opiniões, exigências e interesses contrários e, apesar do inerente desconforto, fazem parte das relações humanas, devendo ser tratados com naturalidade. Os mediadores devem compreender que, a depender da causa, dos interesses, dos objetivos e até da duração ou da intensidade, nem todos os conflitos têm uma solução totalmente satisfatória. Devem saber também que um conflito não pode perdurar, em razão do risco de desencadear violência.

Segundo Muszkat (2008, p. 27), é preciso conscientizar as partes a respeito da existência do outro – seus sentimentos, desejos, pensamentos e angústias – e, dependendo do caso, demanda-se flexibilidade para se chegar a um consenso.

No que tange ao trato com movimentos sociais (intervenção estratégica), imagine um grupo de pessoas que realiza um protesto em via pública, ocasionando o bloqueio da via e, consequentemente, um congestionamento de veículos. De acordo com a situação, o interventor tentará, por meio do diálogo, fazer os encaminhamentos necessários para atender à manifestação, após avaliar a legitimidade do ato, desde que isso não fuja de sua esfera de competência. Caso não obtenha um acordo para a liberação da via, ele então buscará, por exemplo, a liberação de uma das vias para o trânsito, enquanto acompanha e garante a segurança dos manifestantes na outra.

Não se pode, porém, esquecer que alguns objetivos ou interesses não foram revelados, e dificilmente o serão. Nesse caso, cabe ao interventor, usar sua experiência para obter as respostas certas; do contrário, o manejo será inútil e não alcançará solução.

É importante frisar que, quanto antes ocorrer a intervenção ou mediação, mais fácil será seu manejo – e, mesmo que as partes não cheguem a um acordo, ao menos evita-se o agravamento do conflito ou possíveis atos de violência.

## 1.2 Causas dos conflitos

As causas dos conflitos na área da segurança púbica podem ser definidas de acordo com as causas dos tumultos e distúrbios civis, previstas nos currículos dos cursos de formação e especialização e nos manuais técnicos das instituições policiais e militares (por exemplo: Dorecki; Brito, 2015, p. 10-11) – mais especificamente, na disciplina de Controle de Distúrbios Civis. Essas causas podem ser: sociais, econômicas, políticas, consequentes de calamidades públicas e decorrentes da omissão ou falência das autoridades constituídas.

### 1.2.1 Sociais

Imagine um conflito que nasce de uma causa social: conflitos raciais, grupos extremistas que alegam questões religiosas ou, ainda, conflitos motivados por um acontecimento esportivo ou outra atividade social. Em tais casos, pode-se observar os preconceitos, as interpretações extremadas e as avaliações equivocadas sobre determinado assunto.

Como exemplo, há os conflitos étnicos em alguns países do Oriente Médio e da África, bem como as brigas de torcidas organizadas e o hooliganismo* em vários países. Tanto as situações de torcedores quanto os demais exemplos mencionados serão tratados posteriormente, no Capítulo 4, mas podemos adiantar que o diálogo do mediador pode conduzir tais demandas. São questões delicadas, que requerem um trabalho contínuo das atividades de inteligência e manejo de conflitos em segurança pública.

---

\* Apesar de os relatos de violência de torcedores no futebol serem anteriores, o chamado *hooliganismo* passou a ser identificado no final do século XIX na Europa. Sua estratégia é permear o grupo com ideias deturpadas a respeito de patriotismo e xenofobia, como pretexto para promover confusão e brigas em torno de eventos futebolísticos.

## 1.2.2 Econômicas

As causas econômicas estão relacionadas ao estilo de vida das pessoas, ao choque proveniente da má distribuição de renda entre a população, dos desníveis entre as classes sociais e do desequilíbrio econômico entre regiões. As condições sociais de extrema privação ou pobreza podem induzir as pessoas à violência para satisfazer necessidades essenciais. Divergências trabalhistas entre empregados e empregadores também podem acarretar agitações.

Abordar esses eventos requer cautela, pois, apesar de muitas vezes a causa ser justa, seus integrantes podem estar sendo manipulados por pessoas de fora da comunidade ou do movimento social ou sindical em questão, com interesses alheios aos do grupo.

## 1.2.3 Políticas

Aqui vêm à tona as divergências ideológicas – por vezes, estimuladas por países estrangeiros –, as tentativas de atingir o governo por meios não oficiais ou com subterfúgios e as lutas político-partidárias. Essas causas podem desencadear conflitos de alcance nacional com repercussões internacionais.

Tais conflitos podem sofrer pressões políticas externas, com o intuito de destituir quem está no poder, por se tratar de um governo ditatorial ou por estabelecer barreiras para a participação de outros países nas relações comerciais.

Assim, fica evidente a importância de um processo de manejo adequado ante as possibilidades de agravamento do quadro.

## 1.2.4 Consequentes de calamidades públicas

Um retrospecto das mais recentes **catástrofes naturais** (decorrentes da interferência do homem ou não, resultantes da manifestação de fenômenos naturais em grau elevado, muitas vezes imprevisíveis e incontroláveis) – incêndios florestais, desabamentos, desmoronamentos, erupções vulcânicas, inundações, terremotos, vendavais – e de **acidentes** – quedas de barreiras, explosões, colisão de trens e disseminação de substâncias de natureza química, radioativa ou biológica – denota a capacidade desses acontecimentos de gerar conflitos extremamente violentos entre a população atingida.

O temor de outros desastres, da falta de gêneros básicos de subsistência (alimentação, vestuário e abrigo) e de atos de pilhagem, saque e desordem praticados por oportunistas ou por pessoas desesperadas e em pânico em face das privações e do estado emocional explica por que tais episódios motivam conflitos.

Um exemplo é o caso do rompimento de uma barragem em Mariana (MG) em que várias cidades foram afetadas pela contaminação do Rio Doce, que banha a região. Na situação, foi essencial uma rápida intervenção do Estado no apoio às famílias vitimadas para estancar as consequências de uma população sem as mínimas condições de subsistência. Quando as medidas adotadas são insuficientes, o conflito tende a se agravar severamente.

## Para saber mais

Você pode obter mais informações a respeito do supracitado episódio calamitoso ocorrido na cidade de Mariana nos seguintes *links*:
SANTOS, V. S. dos. Acidente em Mariana (MG) e seus impactos ambientais. **Mundo Educação**. Disponível em: <http://mundo educacao.bol.uol.com.br/biologia/acidente-mariana-mg-seus-impactos-ambientais.htm>. Acesso em: 14 dez. 2016.
OLIVEIRA, N. Desastre em Mariana é o maior acidente mundial com barragens. **Agência Brasil**, 15 jan. 2016. Disponível em: <http://noticias.terra.com.br/brasil/desastre-em-mariana-e-o-maior-acidente-mundial-com-barragens-em-100-anos,874a54e18a812fb7ca b2d7532e9c4b72ndnwm3fp.html>. Acesso em: 14 dez. 2016.

## 1.2.5 Decorrentes de omissão ou falência de autoridades constituídas

Essas causas estão relacionadas ao descrédito nas autoridades, em razão da omissão, da fraqueza ou do despreparo no exercício de suas atribuições legais, e na gestão das políticas públicas, que pode desencadear protestos e, consequentemente, atos de violência sob a forma de tumultos e até mesmo, quando em maiores proporções, distúrbios civis protagonizados por grupos de pessoas que, por vezes, creem poder violar impunemente a lei e a ordem pública.

Cabe destacar que demonstrações de sentimento simpático ou hostil a determinada autoridade, mas sem características violentas, são identificadas como manifestações, comumente praticadas por uma multidão. Atos de desrespeito à lei e à ordem pública, com a prática de violência, são tumultos, ações planejadas em apoio a um objetivo comum de realizar certo empreendimento contra quem discordar ou, no caso das forças de segurança, tentar impedi-los. Para ilustrar, há os grupos chamados *black blocs* e outros, conhecidos como *imitadores*, que utilizam táticas de guerrilha para fazer oposição às autoridades constituídas, em especial aos órgãos de segurança pública, assim como às instituições financeiras e empresas multinacionais, por meio de atos de vandalismo.

> **Preste atenção!**
>
> O hooliganismo está relacionado à violência de supostos torcedores, cujas causas podem ser sociais e culturais; já o nazismo incentiva a prática de atos de genocídio. Ambos, todavia, estão imbuídos da estratégia de permear o grupo com ideias deturpadas de patriotismo e xenofobia, com a prática de violência.
>
> A fim de assegurar um norte na formulação de políticas públicas voltadas à resolução do problema, é de suma importância a troca de experiências entre os órgãos de segurança pública de localidades diferentes, pois pontos de convergência podem surgir.

# Para saber mais

Informações sobre os grupos que se apresentam como *black blocs* podem ser encontradas em vários *sites*, inclusive com vídeos de suas ações e seu material de orientação:

MONTENEGRO, C. Black blocs cativam e assustam manifestantes mundo afora. **BBC Brasil**, 8 out. 2013. Disponível em: <http://www.bbc.com/portuguese/noticias/2013/09/130822_black_block_protestos_mm>. Acesso em: 14 dez. 2016.

PINTO, T. dos S. Black bloc: movimento ou tática? **Mundo Educação**. Disponível em: <http://mundoeducacao.bol.uol.com.br/historiadobrasil/black-bloc-movimento-ou-tatica.htm>. Acesso em: 14 dez. 2016.

RESK, F. Black blocs detidos serão indiciados por organização criminosa. **O Estado de S. Paulo**, 13 jan. 2016. Disponível em: <http://sao-paulo.estadao.com.br/noticias/geral,black-blocs-serao-indiciados-por-organizacao-criminosa,1820931>. Acesso em: 14 dez. 2016.

## 1.3 Tipos de conflito

A tipologia do conflito depende da relação entre o ânimo das partes conflitantes e a percepção que elas têm do fato gerador do conflito. Basta compreender que a falta de percepção ou uma avaliação equivocada é capaz de gerar ou agravar um conflito, que poderia ser evitado ou sanado em sua fase inicial. Informações faltantes e dados imprecisos, errôneos ou tendenciosos também podem influenciar e até mesmo criar desentendimentos desnecessários, aumentando a possibilidade de embates mais acirrados. Outros aspectos a serem considerados são os fatores psicológicos e os valores de cada parte conflitante.

Imagine o exemplo clássico de dois náufragos a bordo de um bote salva-vidas em alto-mar, com comida suficiente para a sobrevivência de apenas um deles. Se ao menos um dos homens tiver valores morais, sociais ou religiosos, psicologicamente predominantes, o conflito perderá forças; se, ao contrário, tais fatores não aflorarem em nenhum deles e o instinto de sobrevivência prevalecer, o conflito tenderá a se agravar violentamente. Diante do exposto e com base na tipologia descrita por Nascimento e El Sayed (2002, p. 47-56), devidamente adaptada à atividade de segurança pública, os conflitos podem ser assim classificados: evidente, eventual, reivindicatório, equivocado, oculto e suposto.

### 1.3.1 Conflito evidente

Conflito evidente é aquele que objetivamente existe e é percebido. As partes precisam se engajar na busca de uma solução mútua, pois são conflitos de difícil resolução pacífica. Semelhante engajamento pressupõe o máximo de cooperação possível entre as partes para, trabalhando em equipe, resolverem o problema que lhes é comum. Prioridades precisam ser definidas ou o mediador, de maneira imparcial, tem de ser aceito por ambas as partes para resolver o conflito.

Um exemplo são os casos de litígio para definir limites de propriedades entre vizinhos.

### 1.3.2 Conflito eventual

A manutenção do conflito depende de circunstâncias que viabilizem uma solução rápida, que atenda às partes envolvidas – algo que nem sempre está claro para elas em um primeiro momento.

Para ilustrar, imaginemos a seguinte situação: uma família realiza uma festa de aniversário, e o vizinho, por sua vez, reclama que o som está alto e perturbador. Se ambos chegarem a um consenso quanto ao volume razoável, não será necessária a presença da polícia para sanar a discussão.

### 1.3.3 Conflito reivindicatório

Nesse caso, para tratar de um interesse conflitante, uma massa cria um novo objeto de conflito para que possa ser percebida, o que requer um direcionamento durante o manejo. É uma estratégia comum nos casos de grupos comunitários, que querem chamar a atenção das autoridades, comumente, por meio de manifestações, para a implantação de políticas públicas em sua região.

Como exemplo, pode-se citar uma ocorrência de obstrução de via, em que um grupo de moradores reivindica a instalação de um posto de saúde no bairro.

### 1.3.4 Conflito equivocado

O conflito equivocado acontece quando as partes conflitantes estão enganadas quanto ao objeto e a seus direitos sobre ele. Esse equívoco pode ser inconsciente ou as partes podem usar argumentos falaciosos ou ter sido manipuladas por oportunistas; em qualquer um dos casos, procura-se obter alguma vantagem ao final do conflito.

Quando esse tipo de conflito envolve grupos comunitários, trabalhadores sindicalizados ou movimentos sociais, pessoas com outros interesses podem explorar e deturpar a ideologia do grupo em questão.

Um exemplo desse tipo de conflito seria uma situação de greve envolvendo determinada categoria profissional, em que o líder do respectivo sindicato almeja obter alguma vantagem desconhecida pelo grupo. Para tanto, articula e orquestra uma greve, alegando direitos trabalhistas infundados ou inconvenientes.

## 1.3.5 Conflito oculto

Inicialmente, uma das partes pode entender que não há conflito – que, porém, existe e pode estar sendo reprimido por uma das partes ou considerado equivocado.

Imaginemos a seguinte situação: uma mulher é vítima de agressões constantes de seu marido e considera "normal" a submissão e a conformação da figura feminina a semelhante conduta criminosa. Nesse caso, cabe ao operador de segurança pública esclarecer os aspectos legais, as consequências da omissão e tomar as devidas providências.

## 1.3.6 Conflito suposto

De início, todo conflito pode ser considerado suposto, mas sua inexistência só se confirma quando se comprova que não há fundamento, por meio de todos os recursos disponíveis (provas, depoimentos, testemunhas, enfim). Em compensação, se surgirem novos fatos, o conflito pode ganhar a configuração de um dos tipos citados anteriormente.

Para analisarmos um exemplo, imaginemos uma denúncia de ocorrência policial, em que um sujeito supostamente embriagado conduz um veículo em determinada via e é, após uma colisão, cercado por várias pessoas, que aguardam a chegada de uma viatura policial. Por fim, constata-se que o condutor não apresenta sintomas de embriaguez – na verdade, ele havia sofrido um súbito mal-estar e requer atendimento médico urgente.

A necessidade de se identificar o conflito e os fatores psicológicos que o desencadearam é de suma importância para classificá-lo; o mediador deve ter o tirocínio necessário para adaptar-se a cada tipo de conflito e traçar as estratégias adequadas em busca de uma solução aceitável.

## Para saber mais

Você pode obter mais informações sobre a tipologia dos conflitos no seguinte artigo:

NASCIMENTO, E. M.; EL SAYED, K. M. Administração de conflitos. In: FACULDADES BOM JESUS. **Capital humano**. Curitiba: Associação Franciscana de Ensino Senhor Bom Jesus, 2002. p. 47-56. (Coleção Gestão Empresarial, v. 5).

A Lei n. 11.340, de 7 de agosto de 2006, cria mecanismos para coibir a violência doméstica e familiar contra a mulher, também conhecida como *Lei Maria da Penha*.

BRASIL. Lei n. 11.340, de 7 de agosto de 2006. **Diário Oficial da União**, Poder Legislativo, Brasília, DF, 8 ago. 2006. Disponível em: <http://www.planalto.gov.br/ccivil_03/_Ato2004-2006/2006/Lei/L11340.htm>. Acesso em: 15 dez. 2016.

## 1.4 Formas de incompatibilidade geradoras de conflitos

Quem nunca teve um problema de incompatibilidade com outra pessoa ou grupo? Alguns desses casos reverberam no campo da segurança pública. Com base no trabalho de Mader (2009, p. 1-2), eis as formas como esses problemas podem aparecer.

### 1.4.1 Convicções

A incompatibilidade de opiniões sobre determinado fato ou assunto caracteriza algumas formas de conflito. O estudo das causas e dos tipos de conflito denota que semelhante incompatibilidade pode estar presente em qualquer um deles.

## 1.4.2 Formas de atuação

A maneira de agir de uma pessoa ou grupo pode destoar daquela a que um indivíduo está habituado. O problema surge esse indivíduo não demonstra disposição ao diálogo ou tem algum tipo de preconceito. Também pode ocorrer quando uma das partes age em desacordo com as leis e a moral, até mesmo recorrendo à violência física ou psicológica.

## 1.4.3 Objetivos

Os resultados almejados por uma pessoa ou grupo nem sempre são alcançados. Os conflitos surgem quando os objetivos ficaram muito aquém das expectativas, porque foram atendidos parcialmente ou, ainda, porque não foram alcançados. De qualquer forma, a insatisfação eclode em vários níveis e pode desencadear confrontos. Lembre-se de que, durante o manejo em busca da resolução de conflitos, o mediador pode ser o responsável por esse tipo de incompatibilidade, inclusive com ambas as partes, se não souber intervir ou mediar a situação da forma adequada.

## 1.4.4 Valores

A incompatibilidade de valores ocorre porque o que é extremamente importante para uma pessoa ou grupo não tem a mesma relevância para outro. O momento do conflito também é decisivo na determinação do nível de relevância de certo valor. Para exemplificar, há os valores morais ou juízos de valor sobre o que é certo ou errado e sobre o que é mais ou menos importante para tal ou qual pessoa ou grupo. Imagine um grupo de pessoas linchando um indivíduo suspeito da prática de um crime. Apesar de o senso comum saber que não se pode "fazer justiça com as próprias mãos", para aquele grupo, tal atitude é "justificável".

### 1.4.5 Afetos

O sentimento por determinada pessoa varia e está relacionado aos laços familiares e de amizade existentes. Em contrapartida, a falta desse tipo de compatibilidade pode facilitar os conflitos, mesmo em âmbito familiar. Os conflitos familiares são muito difíceis de manejar, pois alguns casos requerem a menção a assuntos delicados: intimidade, sensibilidade, costumes próprios de um grupo, entre outros.

## Para saber mais

A psicóloga Julia Mader, baseando-se na publicação *The Student Counseling Virtual Pamphlet Collection*, apresenta pontos muito interessantes sobre a resolução de conflitos.

MADER, J. **Resolução de conflitos**. GAPsi-FCUL – Gabinete de Apoio Psicológico, 2009. Disponível em: <https://www.ciencias.ulisboa.pt/sites/default/files/fcul/institucional/gapsi/Resolucao_de_Conflitos.pdf>. Acesso em: 15 dez. 2016.

### 1.5 Reações comuns perante um conflito

Algumas pessoas entendem que **ignorar** o conflito ou distanciar-se dele é a melhor opção. Entretanto, quando isso é feito, o conflito não é resolvido, apenas adiado, podendo, posteriormente, ressurgir de maneira mais contundente e, consequentemente, mais difícil de resolver.

A segunda reação é usar a força ou a autoridade ou, ainda, agir de maneira violenta, sendo ambas as condutas **reativas**. Para os mediadores, essa postura deve ser adotada somente depois de esgotadas as possibilidades de diálogo, como acontece nos confrontos armados, em que os criminosos estão predispostos à violência.

A terceira conduta é tentar resolver os conflitos de forma dialógica (**proativa**) e com colaboração mútua. Felizmente, a maioria dos conflitos é resolvida dessa forma e é o que se espera de uma sociedade civilizada – o que, entretanto, pressupõe a condução por parte de um mediador ou interventor preparado.

### 1.5.1 Possíveis perfis comportamentais das pessoas mediadas

De acordo com a gestão de conflitos, existem estilos de comunicação, que consistem "no conjunto de qualidades de expressão, características de um emissor em comunicação" (Isep, 2016). Com base nesses estilos, pode-se estabelecer uma classificação segundo a qual cada pessoa apresenta um perfil predominante que influencia seu comportamento, inclusive na mediação de conflitos.

### ■ Agressivo

Você já deve ter vivenciado uma situação em que uma pessoa reivindica seus supostos direitos em detrimento dos de outras pessoas. Esse comportamento é típico do perfil agressivo.

Esse tipo de pessoa age com a necessidade de se impor, como se não cometesse erros ou fosse superior aos demais. É excessivamente crítica, sente-se intocável e não se importa com os direitos e as angústias dos outros. Tenta dominar a situação, ignora e desvaloriza os sentimentos alheios. Seu objetivo é "levar vantagem" sobre os demais, vencendo a disputa ou induzindo-os a "abrir mão" de seus direitos.

Tende a ser de difícil trato, pois normalmente fala alto, constantemente interrompe as falas dos outros, ironiza os argumentos alheios e demonstra desaprovação, também por meio da linguagem corporal. Em casos extremos, pode recorrer à violência para impor sua vontade.

## ■ Passivo

Comportamento comum de vítimas que, em face da exploração sofrida, acabam conformadas e desmotivadas, dificilmente discordam do que lhes é proposto e evitam conflitos. Têm dificuldades de expor seus sentimentos e anseios e são muito sensíveis à opinião alheia. Além de não conseguirem resolver seus problemas, têm receio de mudar sua postura ou incomodar os outros. São pessoas frustradas, que subestimam sua capacidade de resolver problemas. Assim, permitem ser subjugadas e são facilmente identificadas durante o manejo. Sinais como roer unhas, ranger os dentes, apertar as mãos uma contra a outra, mover pernas e pés com frequência, ansiedade e sorriso nervoso são muito comuns.

## ■ Manipulador

Pessoas com esse perfil têm dificuldades de aceitar o ponto de vista dos demais, pois prefere tirar suas próprias conclusões. Considera-se hábil e até essencial nas relações interpessoais, em que é comum se apresentar como intermediário. Tal postura permite tirar vantagem para seu intento, porém, dificilmente esclarece seus objetivos.

Indivíduos com esse comportamento apresentam uma postura de avaliação ou tática em relação aos demais envolvidos no conflito, inclusive o mediador. Eles buscam desmoralizar as assertivas e os argumentos das demais partes, algumas vezes de forma irônica, com o intuito de demonstrar inteligência e cultura. Tentam derrubar os argumentos dos outros, mentem, negam fatos que possam denegrir sua imagem e inventam história para esquivar-se de responsabilidades.

# Assertivo

Os sujeitos com perfil assertivo expõem seus direitos e argumentos legítimos, sem precisar atacar as outras partes. Normalmente, são pessoas sensatas e com interesse construtivo no conflito, postura que acaba causando preocupação ou interesse nos demais. Expõem suas ideias de maneira direta, coerente e respeitosa, preocupados com os resultados. Sabem ser firmes sem ser autoritários e, no decorrer da disputa, tornam-se formadores de opinião.

Podem apresentar um comportamento sério ou animado, calmo ou extrovertido, mas sempre realista. São as pessoas mais fáceis com quem se pode trabalhar e, portanto, os mediadores devem tratá-las como parceiros em busca de resultados agregadores.

## 1.5.2 Formas de manejo dos conflitos perante diferentes comportamentos

Considerando-se comportamentos descritos, eis os deveres essenciais dos mediadores:

» impedir que as pessoas com tendências **agressivas** se imponham (o que requer o uso moderado e gradual da autoridade);
» encorajar os **passivos** a explicitar suas angústias, pois inércia não significa concordância;
» controlar as participações dos **manipuladores**, demonstrando quem está no controle do manejo (atitude capaz de criar um vínculo de confiança entre as partes e o mediador);
» incentivar as exposições dos **assertivos**, pois uma das premissas da mediação é o diálogo;
» propiciar as mesmas condições de participação a todas as pessoas envolvidas.

## Para saber mais

Quanto aos estilos de comunicação apresentados, você pode obter mais informações na seguinte fonte:
PORTAL GESTÃO. **Estilos de comunicação em liderança.** 31 jan. 2010. Disponível em: <https://www.portal-gestao.com/artigos/2554-estilos-de-comunicação-em-liderança.html>. Acesso em: 15 dez. 2016.

### 1.6 Posturas e atitudes do mediador perante os conflitos

Durante o manejo, algumas posturas e atitudes são essenciais à atividade de mediação e intervenção na área da segurança pública. Para Sampaio e Braga Neto (2007), são princípios norteadores da mediação de conflitos: credibilidade, competência, conduta proativa, imparcialidade e coerência. Trataremos de cada um desses princípios a seguir.

#### 1.6.1 Credibilidade

Para as instituições encarregadas da segurança pública, ser crível perante seu público-alvo – a sociedade – não está relacionado apenas a questões de posturas e atitudes de seus integrantes, uma de suas principais metas. A conquista do respeito a seus representantes é essencial e pressupõe a apresentação de resultados satisfatórios às partes e a consequente boa repercussão. A sociedade acredita nesse instrumento apenas após a evidência de resultados positivos na resolução pacífica de conflitos.

## 1.6.2 Competência

É essencial um trabalho de alto nível técnico-profissional, embasado legalmente e norteado pelos mais rígidos princípios éticos e morais. Cabe, então, ao mediador ou interventor atender aos conflitos apenas se estiver qualificado para o trabalho, pois ele será questionado pelas partes, preocupadas e, em muitos casos, estressadas, motivadas ou ansiosas pela solução de seus problemas.

Tal habilitação pressupõe que o mediador ou interventor tenha boa base teórica, até mesmo a respeito das diferenças culturais dos envolvidos. Demanda-se desse profissional também treinamento específico – e, quanto mais experiência tiver, mais confiantes serão suas decisões.

Mesmo com todos esses atributos, o mediador deve ser humilde o suficiente para solicitar ajuda ou substituição no manejo quando detectar dificuldades, como a falta de conhecimento em um assunto específico, quando as decisões extrapolarem sua competência funcional ou, ainda, quando surgir outro tipo de barreira que julgue não conseguir transpor.

Em síntese, o exercício do manejo para a resolução pacífica de conflitos requer uma base teórica sobre o tema e treinamento específico das técnicas; além da formação do mediador, sua especialização refletirá em suas habilidades e atitudes profissionais.

## 1.6.3 Conduta proativa

O operador de segurança pública deve ir além da solução do conflito, pois existem situações que podem ser resolvidas na origem e, principalmente, sem o uso de técnicas reativas. Esse profissional deve buscar a colaboração mútua, com o intuito de propor a melhor solução possível, de acordo com os ditames legais, éticos e morais.

Devemos fazer a ressalva de que há, naturalmente, situações em que o manejo de forma pacífica não surte efeito, caso em que se deve usar a força de forma diferenciada, levando-se em consideração as alternativas disponíveis e as ações contrárias encontradas.

A solução consensual depende de todas as partes, inclusive do mediador ou interventor, porque, uma vez rompido o laço de confiança, dificilmente se consegue retomar o diálogo. Diante de tal constatação, as decisões tomadas devem ser registradas em documentos próprios, pois é a única forma de comprovar futuramente de quem é a responsabilidade pelos desdobramentos daquele evento.

### 1.6.4 Imparcialidade

Por meio da aplicação de técnicas e procedimentos reconhecidamente adequados, o mediador ou interventor deve atuar de forma isenta para auxiliar as partes a identificar as causas e os interesses reais no conflito. Cabe a ele também construir, em conjunto, as alternativas para a solução pacífica e, ao final, estabelecer, consideravelmente, um acordo sólido, se possível.

Como apresentam Sampaio e Braga Neto (2007), o mediador ou interventor precisa entender a realidade das partes ou os verdadeiros interesses em jogo, sem qualquer tipo de preconceito ou valores pessoais que possam interferir em sua decisão. A isenção por parte do operador deve imperar; ele deve se abster de opiniões ou comentários pessoais, que possam até induzir a qualquer tipo de preferência entre os envolvidos no conflito.

### 1.6.5 Coerência

Diferentemente de outros tipos de mediador, que devem ter a confidencialidade sobre o conflito e seu manejo, na área da segurança pública, os atos praticados por seus representantes são públicos (princípio da publicidade, previsto no art. 37 da Constituição Federal – CF – Brasil, 1988), ou seja, há a obrigação da Administração Pública em divulgá-los à coletividade.

Entretanto, o operador responsável pelo manejo deve levar em conta o direito à intimidade e à vida privada do ser humano (art. 5º, inciso X, CF). Assim, ele deve agir pautado no bom senso para definir o que deve ser de conhecimento público e o que não deve, a fim de proteger a intimidade das partes.

## Para refletir

Imagine-se como operador em uma ocorrência policial em que, ao final, você prestará esclarecimentos ao seu comandante, chefe ou diretor, ou, ainda, terá de fazer uma declaração ao público, por meio da imprensa, de forma ética e que transmita confiança, sem expor as partes em conflito.

Assim, as informações divulgadas no discurso de mediador ou interventor devem ser as essencialmente necessárias para esclarecer o ocorrido e informar o público, com **mensagens facilmente compreensíveis**. Não se pode, igualmente, desconsiderar os aspectos legais relacionados, as normas internas da instituição a que pertence o mediador e os aspectos éticos e morais que concernem ao assunto tratado.

Em suma, o mediador deve ser isento (imparcialidade), demonstrar confiança (credibilidade), ter conhecimento técnico e prático para mediar as discussões entre as partes (competência), saber quais informações tornar ou não de conhecimento público para respeitar a privacidade das partes (coerência e sensibilidade).

Esse operador precisa ter credibilidade suficiente a ponto de ser considerado **agente de transformação social**, capaz de proporcionar às partes em conflito a oportunidade de solucioná-lo de uma forma rápida e, até mesmo, menos traumática, conforme o caso.

Em geral, as pessoas veem o conflito como algo desgastante; o mediador, contudo, recebe-o como um desafio a ser enfrentado, cujo objetivo é transpô-lo para alcançar a harmonia e a paz social.

> **Preste atenção!**
>
> Se os casos de conflito que desencadeiam confrontos, muitas vezes violentos, fossem sanados por meio do diálogo, a abertura de procedimentos e processos, o empenho de profissionais para o esclarecimento e a investigação dos fatos e a mácula na imagem institucional seriam evitados.

Nas instituições públicas, o papel do mediador é de suma importância, pois os resultados positivos nas mediações e intervenções em ocorrências têm o potencial de ampliar os níveis de satisfação da população e a confiança em seus operadores, bem como melhorar o conceito da instituição perante a sociedade.

## Para saber mais

Para ilustrar, indicamos algumas leituras sobre confrontos que envolveram forças de segurança sem a participação de mediadores. Cabe destacar que existem conflitos em que as partes não aceitam o diálogo e tampouco a mediação.

Este primeiro caso contempla o conflito entre a Polícia Militar do Pará e integrantes do Movimento dos Trabalhadores Rurais Sem Terra em 1996. Entre os manifestantes, 19 foram mortos, e dezenas, feridos; e entre os policiais militares que participaram da operação 155 foram indiciados.

BERGAMO, M.; CAMAROTTI, G. Sangue em Eldorado. **Veja**, n. 1441, 1996. Disponível em: <http://veja.abril.com.br/idade/em_ dia/carajas_capa.html>. Acesso em: 15 dez. 2016.

Outro exemplo é o episódio da rebelião de detentos no presídio do Carandiru e a intervenção da Polícia Militar de São Paulo no ano de 1992. O saldo foi de 111 detentos mortos, dezenas de feridos e outras dezenas de policiais indiciados.

CAMARGO, H. Como foi o massacre do Carandiru? **Revista Superinteressante**, n. 216, 31 jul. 2005. Disponível em: <http://super.abril.com.br/historia/como-foi-o-massacre-do-carandiru>. Acesso em: 15 dez. 2016.

# Síntese

Neste capítulo, apresentamos o conceito de conflito voltado para a área da segurança pública, abrangendo desde as ocorrências consideradas rotineiras até as intervenções estratégicas em movimentos sociais.

Foram apresentadas também as causas da maioria dos conflitos (sociais, econômicas, políticas, consequentes de calamidades públicas e decorrentes da omissão ou falência das autoridades constituídas).

Foram comentados os tipos de conflito, que dependem da relação existente entre o estado de ânimo objetivo e o estado de ânimo percebido, dos fatores psicológicos e dos valores de cada parte conflitante.

Explicamos que a incompatibilidade entre pessoas ou grupos surge graças a diferenças de convicções, formas de agir, objetivos, valores e relações de afetividade.

Versamos sobre os comportamentos e as reações mais comuns das pessoas em um conflito e as posturas ou atitudes adequadas para o mediador ou interventor, que definirão a postura institucional (credibilidade, competência, conduta proativa, imparcialidade e coerência).

# Estudo de caso

O operador de segurança pública capacitado para a mediação de conflitos pode se deparar com conflitos dos mais simples aos mais complexos e será chamado para intervir. Analise e responda à seguinte situação; em seguida, compare-a aos comentários subsequentes:

1º. Uma idosa está no interior de uma lanchonete, paga por um café com torradas e dirige-se à única mesa disponível. Ao sentar-se, constata que estão faltando as torradas. De imediato, levanta-se e retorna ao balcão, onde é prontamente atendida. Ao retornar à mesa em que deixou sua bandeja, observa um homem tomando seu café avidamente. O que você faria se fosse a senhora?

Comentário:

*Apesar de a resposta ser pessoal, seu objetivo é definir o perfil de cada profissional, antes de receber os conhecimentos necessários para a mediação. Também é a oportunidade de identificar preconceitos ou juízos de valor que precisam ser autoanalisados.*

*O mais sensato seria confirmar se a mesa e o café realmente são seus. Em caso afirmativo e dependendo da justificativa apresentada, pode-se chamar um funcionário e expor-lhe o problema.*

2º. Diante da situação, a senhora, indignada, senta-se rapidamente e começa a comer junto ao referido homem. Ao terminarem, o homem levanta-se, vai até o balcão e retorna com um farto pedaço de bolo e dois garfos. Agora, os dois dividem o lanche, porém, ao final, o homem levanta-se, despede-se da senhora e caminha em direção à porta de saída do estabelecimento. O que você faria se fosse a senhora?

Comentário:

*A resposta depende dos encaminhamentos da situação anterior, mas, em se tratando de uma espécie de calote, deveria chamar um funcionário da lanchonete e, dependendo da reação do indivíduo, um policial.*

3º. Em seguida, a senhora se levanta pronta para gritar "Ladrão!", mas, antes, observa, na mesa de trás daquela em que se encontrava, um café intocado, esfriando. Que conclusões podem ser tiradas do comportamento dos dois personagens?

Comentário:
*O objetivo do estudo de caso é desenvolver os conhecimentos adquiridos no decorrer do capítulo. No caso em pauta, pode-se verificar como uma visão incompleta, em que um juízo de valor equivocado ou um preconceito pode mudar a solução – que, provavelmente, não será a mais justa.*

# Questões para revisão

1) Como podem ser definidos os conflitos que surgem na área da segurança pública?

2) Correlacione as causas que originam os conflitos no campo da segurança pública às suas respectivas características.

   | Princípios | Características |
   |---|---|
   | I. Sociais | ( ) Divergências ideológicas |
   | II. Econômicas | ( ) Descrédito no governo |
   | III. Políticas | ( ) Conflitos raciais |
   | IV. Consequentes de calamidades públicas | ( ) Manifestações de fenômenos naturais |
   | V. Decorrentes da omissão de autoridades | ( ) Choque entre classes sociais |

   Assinale a alternativa que contém a sequência correta de preenchimento dos parênteses:
   a. II, IV, III, I, V.
   b. V, IV, III, II, I.
   c. III, V, II, I, IV.
   d. III, V, I, IV, II.

3) Diferencie os tipos de conflito.

4) Correlacione as formas de incompatibilidade que geram os conflitos na área da segurança pública às suas respectivas características.

| Princípios | Características |
|---|---|
| I. Convicções | ( ) Determinação da relevância |
| II. Formas de atuação | ( ) Diferença de pontos de vista |
| III. Objetivos | ( ) Indisposição ao diálogo |
| IV. Valores | ( ) Laços de amizade |
| V. Afetos | ( ) Expectativas frustradas |

Assinale a alternativa que contém a sequência correta de preenchimento dos parênteses:
a. I, V, II, III, IV.
b. II, III, V, IV, I.
c. V, I, II, IV, III.
d. IV, I, II, V, III.

5) Quais são as características necessárias para ser um mediador?

## Questões para reflexão

1) Podem ser estabelecidas similaridades entre o hooliganismo e o nazismo?

2) Como manejar os conflitos nos diferentes comportamentos encontrados nas pessoas a serem mediadas?

# Para saber mais

Caso queira aprofundar seus conhecimentos sobre os temas abordados neste capítulo, sugerimos ainda a leitura dos seguintes materiais complementares:

BRASIL. Lei n. 9.099, de 26 de setembro de 1995. **Diário Oficial da União**, Poder Legislativo, Brasília, DF, 27 set. 1995. Disponível em: <http://www.planalto.gov.br/ccivil_03/LEIS/L9099.htm>. Acesso em: 15 dez. 2016.

BRASIL. Lei n. 11.340, de 7 de agosto de 2006. **Diário Oficial da União**, Poder Legislativo, Brasília, DF, 8 ago. 2006. Disponível em: <http://www.planalto.gov.br/ccivil_03/_Ato2004-2006/2006/Lei/L11340.htm>. Acesso em: 15 dez. 2016.

MUSZKAT, M. E. **Guia prático de mediação de conflitos em famílias e organizações**. 2. ed. São Paulo: Summus, 2008.

NAZARETH, E. R. **Mediação**: o conflito e a solução. São Paulo: Arte Paubrasil, 2009.

SAMPAIO, L. R. C.; BRAGA NETO, A. **O que é mediação de conflitos?** São Paulo: Brasiliense, 2007. (Coleção Primeiros Passos, n. 325).

WHO – World Health Organization. **World report on violence and health**. Geneva, 1996. Disponível em: <http://www.who.int/violence_injury_prevention/violence/world_report/en/introduction.pdf>. Acesso em: 15 dez. 2016.

WHO – World Health Organization. **Putting Women First**: Ethical and Safety Recommendations for Research on Domestic Violence against Women. Geneva, 2001. Disponível em: <http://www.who.int/gender/violence/womenfirtseng.pdf>. Acesso em 15 dez. 2016.

# II

# Conteúdos do capítulo:

» Meios para a resolução pacífica de conflitos.
» Características da resolução pacífica de conflitos.
» Manejo na resolução pacífica de conflitos.
» Formas de realizar a intervenção inicial e o manejo.
» Condições e atributos para ser mediador.
» Princípios a serem aplicados no manejo de conflitos.
» Definição de violência.
» Manejo de conflitos envolvendo relações de poder.
» Uso diferenciado da força legal.
» Harmonia social.
» Estratégia para a resolução pacífica de conflitos.
» Mediação comunitária.
» Definição de capital social.
» Técnicas de manejo de conflitos.

# Após o estudo do capítulo, você será capaz de:

1. Identificar os meios da resolução pacífica de conflitos e suas características.

Resolução pacífica de conflitos

2. Conceituar *manejo* e discernir as formas de realizá-lo na resolução pacífica de conflitos.
3. Definir quem pode ser mediador e suas características.
4. Identificar os princípios que regem a resolução de conflitos na segurança pública.
5. Estabelecer a diferença entre conflito e violência.
6. Reconhecer conflitos que envolvem relações de poder.
7. Conceituar uso diferenciado da força, harmonia social, mediação comunitária e capital social na atividade de segurança pública.
8. Reconhecer as técnicas e estratégias adequadas ao manejo na solução de conflitos.

No capítulo anterior, tratamos do significado de *conflitos*, suas causas, sua tipologia e as formas de incompatibilidade que os geram; também identificamos as reações esperadas das pessoas envolvidas e as posturas e atitudes esperadas do mediador ou interventor.

Neste capítulo, contemplamos os meios usados para a resolução pacífica dos conflitos e suas características. Abordamos o manejo e as formas de realizá-lo, assim como os atributos necessários ao mediador ou interventor e os princípios que devem ser seguidos por esse operador.

Tais conhecimentos habilitam a definir *violência*, reconhecer os conflitos que envolvem relações de poder e aplicar o uso diferenciado da força.

Ainda apresentamos o conceito de **harmonia social** e a estratégia para restabelecê-la ou criar a mediação comunitária em um grupo social, fortalecendo seu capital social.

O desfecho do capítulo abarca as técnicas mais eficazes para o manejo de conflitos.

## 2.1 Meios para a resolução pacífica de conflitos

Diminuir as situações de confronto na resolução dos conflitos implica abordar a ocorrência com, ao menos, as informações imprescindíveis: partes envolvidas, causas reais do conflito, como se encontra o ambiente e, por fim, as consequências das decisões a serem tomadas.

É importante o estabelecimento de uma consciência coletiva, seja das partes conflitantes, da comunidade local ou, ainda, da opinião pública, de quais posturas podem ser tomadas diante dos eventuais problemas surgidos.

As posturas – também chamadas *alternativas*, conforme Fernández (2005, p. 74) – adaptadas para a temática da segurança pública são quatro:

1. **Esgotar as opções de gerir o conflito de maneira proativa e restaurativa das causas do problema** enquanto a situação permitir, como ocorre nas ações de polícia e policiamento comunitário. Em tais situações, o operador de segurança pública, ao se deparar com uma lâmpada queimada de um poste público (locais com baixa luminosidade favorecem a prática de crimes), um quintal de um terreno malcuidado (denota desleixo por parte do morador) e até um vidro da janela quebrada de uma casa em sua área de responsabilidade (pode ser sinal de que ocorreu um arrombamento ou pode favorecer uma invasão), deve contatar os responsáveis para alertá-los sobre as implicações de tal situação, e deve tomar medidas para saná-las.
2. **Propor às lideranças comunitárias e sindicais a criação de grupos de trabalho** para prevenir novos conflitos e estabelecer medidas reativas quando constatado o fato, fortalecendo o capital social e construindo uma comunidade mais

coesa, o que influenciará diretamente a qualidade de vida daquelas pessoas.

3. **Identificar e isolar o problema**, ou seja, saber as pessoas que realmente estão envolvidas e interessadas no conflito e em sua resolução, assim como se há pessoas com segundas intenções ou predispostas ao confronto.

4. Em caso de conflitos mais complexos, **distribuir tarefas com outros mediadores ou interventores e avaliar cada conflito *per si*,** individualizando as condutas e tratando cada uma de acordo com suas peculiaridades. As situações mais complexas, como manifestações e tumultos, permitem identificar os vários tipos de pessoas que as integram, com ou sem intenção de confronto e com vários interesses em jogo. O operador precisa, portanto, estar habilitado a lidar com o manejo dos interessados no diálogo e com a identificação e o encaminhamento dos mais exaltados que cometam delitos.

## 2.2 Características da resolução pacífica de conflitos

Em primeiro lugar, tem-se **a participação das partes envolvidas**; em segundo lugar, **o diálogo** como ferramenta para se obter uma solução consensual, em que todas as partes são vencedoras. Tal processo pressupõe a possibilidade de cada parte exteriorizar suas angústias, sem que ocorram ofensas, mantendo-se o respeito mútuo. O responsável pelo manejo deve avaliar, de forma isenta, os reais argumentos apresentados e empenhar-se na busca da solução pacífica.

Deve-se considerar que um conflito pode envolver duas ou mais partes – nos casos de intervenção estratégica com movimentos sociais, uma delas pode ser representada pelos interventores –, que existe no mínimo um ponto de divergência entre as partes e que a solução deve ser compartilhada, para que se empregue uma estratégia de atuação, por meio de **um processo lógico e sequencial**, até a solução do conflito.

O objetivo desse processo lógico é procurar soluções, e não culpados; a situação necessita ser analisada e revisada durante todo o processo; a capacidade de ouvir e selecionar os pontos relevantes antes de falar também é primordial; as críticas devem ser construtivas. Por isso, cabe ao mediador: **orientar as ações para uma solução consensual**; apresentar exemplos positivos e exitosos; **evitar preconceitos**; **transmitir tranquilidade** e manter a calma de todos; identificar as pessoas realmente envolvidas; saber lidar com as pessoas mais exaltadas; e evitar favorecer uma das partes.

O melhor momento para iniciar o manejo dos conflitos é ainda nos primeiros instantes, quando os ânimos estão mais calmos, permitindo prever que tipos de atrito podem ocorrer e estar preparado, pautado em um planejamento mental, para tratar dessas situações.

## 2.3 Manejo na resolução pacífica de conflitos

O manejo é o processo pelo qual uma pessoa, capacitada em tal mister, tem como finalidade construir, em conjunto com as partes conflitantes, a resolução pacífica para determinado conflito.

Quando esse profissional atua como um facilitador para a comunicação entre as partes, ele figura como mediador; no caso que tratamos nesta obra, o operador de segurança pública, como representante do interesse público, em discussão com outra parte (uma ou mais pessoas, um grupo ou uma organização ou instituição), apresenta-se como primeiro interventor, pois, de certa forma, tem interesse na solução, sempre com base em aspectos éticos e legais.

Levando em consideração o objetivo precípuo da mediação de conflitos, que se depara com um ambiente de discussão, muitas vezes permeado por formas e níveis de hostilidade diversos, o interventor almeja uma dinâmica de cooperação.

> **Preste atenção!**
>
> Como exemplo interdisciplinar, pode-se aludir ao gerenciamento de crises, cuja técnica é muito peculiar: tentar diminuir o estresse ou atenuar a tensão durante uma primeira intervenção ou, até mesmo, uma negociação de crises em ocorrências policiais (neste caso, o processo deve ser conduzido somente por um negociador policial).

O manejo de conflitos tenciona promover o diálogo entre as partes. Da mesma forma, quando os conflitos envolvem grupos ou movimentos sociais organizados, há necessidade de uma intervenção estratégica. Tal manejo requer conhecimento sobre o respectivo grupo social – interesses, objetivos, formas de atuação, principais lideranças e predisposição ao diálogo, ao conflito e até à violência. Independentemente das especificidades do caso, o intuito é sempre a resolução pacífica do conflito.

Lembre-se de que o manejo para a resolução pacífica de conflitos é o processo usado em conflitos interpessoais e grupais, mas não em situações de crises policiais. Nem sempre a mediação atenderá integralmente aos anseios das partes; no entanto, a prioridade é buscar o diálogo para aprimorar a comunicação e o relacionamento dos envolvidos.

O sucesso na solução do conflito pressupõe que as partes aceitem o mediador. Por sua vez, os operadores incumbidos de tal função devem se guiar pelo princípio da isenção e não tomar partido por qualquer das partes, visando à satisfação de ambas, com as ressalvas previstas em lei.

**Preste atenção!** Por exemplo, nos casos que envolvem interesse público, o operador de segurança pública deve primar pelo princípio da supremacia do interesse público sobre o particular – o que, todavia, não impede a busca de uma resposta satisfatória para os demais envolvidos.

Segundo Mello (2005, p. 96), "sempre que houver conflito entre um particular e um interesse público coletivo, deve prevalecer o interesse público". Nem poderia ser de outro modo, porque, afinal, a atuação da Administração Pública é pautada por tal interesse, como ocorre na criação de leis ou normas.

Exemplos são os casos de conflitos agrários, em que muitas vezes terras públicas são invadidas por movimentos sociais, sob a justificativa de que são improdutivas ou, simplesmente, para forçar o assentamento do grupo de invasores. Caso a União, o estado ou o município detentor da posse de tal imóvel reivindique, judicialmente, a reintegração de posse, o princípio citado será avocado.

# Para saber mais

Para aprofundar seus conhecimentos sobre a supremacia do interesse público e a mediação de conflitos envolvendo o poder público e o interesse particular, consulte os links abaixo:
VIEGAS, C. M. de A. R. O princípio da supremacia do interesse
   público: uma visão crítica da sua devida conformação e aplicação.
   **Âmbito Jurídico**, Rio Grande, v. 14, n. 86, mar. 2011. Disponível em:
   <http://www.ambito-juridico.com.br/site/?n_link=revista_artigos_
   leitura&artigo_id=9092&revista_caderno=4>. Acesso em:
   15 dez. 2016.

SILVA, G. B. de C. **O papel da Defensoria Pública na mediação de conflitos fundiários urbanos**. Disponível em: <http://gilbragacastro.jusbrasil.com.br/artigos/147578223/o-papel-da-defensoria-publica-na-mediacao-de-conflitos-fundiarios-urbanos>. Acesso em: 15 dez. 2016.

## 2.4 Formas de realizar a intervenção inicial e o manejo

A obtenção das informações necessárias para a resolução pacífica do conflito pressupõe **questionar as partes** e avaliar seus respectivos argumentos.

Além de obter informações importantes para a solução do problema, as indagações podem gerar a reflexão e, consequentemente, a cessão das partes, proporcionar a formulação de novas perguntas para maior esclarecimento, propiciar a oportunidade de as partes protagonizarem a solução, permitir que os mediados se sensibilizem com o outro lado e, por fim, assegurar mais tempo para se definir a solução mais adequada.

De posse das informações relevantes, as perguntas para enfatizar o que será imprescindível para se chegar a um acordo podem ser reformuladas. Ao utilizar tal estratégia, os pontos positivos da solução dialogada têm de ser ressaltados.

Contextualizar e expor os aspectos e as implicações legais são ações importantes no processo de reflexão a que estão submetidas as partes.

## 2.5 Condições e atributos para ser mediador

Mediador é o profissional de segurança pública capaz de aproximar partes conflitantes fazendo-as compreender as nuances do conflito, diminuir as animosidades e acalmar os ânimos, a fim de buscar uma solução para o confronto. Dessa maneira, seu objetivo é eliminar barreiras para uma avaliação mais clara do problema, aumentando as possibilidades de acordo.

Em intervenções estratégicas com movimentos sociais, o operador ainda tem a função de romper paradigmas, pois o interventor será inicialmente visto como apenas uma das partes interessadas, por ser o representante do Estado no local.

Assim, o mediador ou interventor precisa desenvolver um diálogo mais efetivo. De nenhuma forma ele pode resolver sozinho o conflito, tampouco impor uma solução. Sua missão é auxiliar na busca da melhor alternativa para solucionar o problema naquele momento, por meio de um acordo mútuo.

O operador de segurança pública deve guiar as pessoas em busca de uma solução concreta e definitiva ou, ao menos, restabelecer o diálogo, evitando confrontos mais acirrados e até violentos. Para tanto, cabe a ele estabelecer um vínculo de confiança com as partes, algo fundamental para os encaminhamentos no processo.

Caso o mediador sinta dificuldades para provar sua competência durante a condução da mediação, uma das partes pode se impor, caso em que talvez seja necessário recorrer ao uso seletivo da força legal, sendo que qualquer opção diferente da mediação trará reflexos indesejados, que poderiam ser evitados.

No Quadro 2.1, esquematizamos os atributos do mediador.

*Quadro 2.1 – Atributos do mediador*

| |
|---|
| Ter uma boa técnica de manejo em conflitos |
| Saber dialogar com as partes |
| Inspirar confiança |
| Transmitir tranquilidade |
| Ter condições de solucionar conflitos (dentro de suas possibilidades e sua esfera de responsabilidade) sem transferir o problema |

## 2.6 Princípios a serem aplicados no manejo de conflitos

Como o foco é a resolução de conflitos na temática da segurança pública, tendo por base os ensinamentos da mediação de conflitos (Barros, 2006, p. 6), apresentamos, na sequência, os princípios a serem aplicados no manejo, devidamente adequados ao contexto tratado.

O princípio da **convivência** é constantemente usado nos juizados especiais na mediação de conflitos e deve ser aplicado na área da segurança pública. Refere-se à necessidade de o profissional refletir sobre os anseios e o contexto em que o conflito ocorre, embasar suas decisões na lei, na ética profissional e em princípios morais, observar que, em muitos casos, as medidas adotadas têm caráter educativo, buscar o desenvolvimento social, adequando-se às normas vigentes, e estabelecer o diálogo da maneira mais compreensível possível, mas sem usar gírias ou expressões pejorativas, mesmo que estas sejam comuns no ambiente em questão.

O princípio da **flexibilidade** indica que, apesar de existir uma técnica própria para o manejo, não há um modelo ou roteiro-padrão para a resolução pacífica de conflitos na área da segurança pública. O planejamento deve ser adequado às circunstâncias e revisto quantas vezes for necessário para se obter a solução mais satisfatória, tanto para as partes quanto para a comunidade circunvizinha afetada, se for o caso.

A **oralidade** é outro princípio importante, pois um dos propósitos da mediação é estabelecer o diálogo entre as partes, priorizando a civilidade. Dessa maneira, as partes devem ter a oportunidade de debater o problema, diminuindo as barreiras de comunicação e transmitindo serenidade.

Dependendo do tipo de conflito, também é importante aplicar o princípio da **privacidade**, pois existem situações em que algumas informações, apesar de relevantes para detectar a causa, não precisam ser de conhecimento geral – a menos, naturalmente, que o foco do problema seja de interesse público. A aplicação do princípio da privacidade fica evidente em ocorrências de violência doméstica ou contra indivíduos menores de idade.

Por fim, o princípio da **imparcialidade** ou **isenção** prescreve que o mediador deve ter em mente que não representa qualquer das partes, pois sua missão é fomentar e conservar o diálogo em níveis moderados, em busca da solução consensual. Cabe-lhe ser neutro, não permitindo que opiniões pessoais, impressões e valores morais interfiram no processo. Em caso de conflitos com movimentos sociais, o interventor deve evitar provocações e a comoção social no momento de expor seus argumentos e suas propostas de solução.

# Para saber mais

Sobre os princípios mencionados, as leituras indicadas a seguir permitem refletir sobre a aplicação ou a ausência da mediação na atividade de segurança pública, inclusive com movimentos sociais:

ALVES, B. dos P. **Redes sociais formadas no fenômeno do pânico em multidão**: uma análise via simulação multiagentes. 161 f. Dissertação (Mestrado em Engenharia da Informação) – Universidade Federal do ABC, Santo André, São Paulo, 2011. Disponível em: <http://bdtd.ibict.br/vufind/Record/UFAB_b9588d627131d79e4050ea39e3792220>. Acesso em: 15 dez. 2016.

BARROS, V. A. **Mediação**: forma de solução de conflito e harmonia social. Disponível em: <bdjur.stj.jus.br/jspui/bitstream/2011/18877/Mediação_forma_de_Solução_de_Conflito_e_Harmonia_Social.pdf>. Acesso em: 15 dez. 2016.

REIS, H. dos. S. **A utilização da mediação de conflitos nas atividades policiais**. Disponível em: <http://www.policiamilitar.sp.gov.br/unidades/caes/artigos/Artigos%20pdf/Helena%20dos%20Santos%20Reis.pdf>. Acesso em: 15 dez. 2016.

## 2.7 Definição de violência

Segundo a Organização Mundial de Saúde (OMS), "violência é o uso intencional da força física ou do poder, real ou em ameaça, contra outra pessoa ou contra si próprio ou contra grupo de pessoas, que resulte ou tenha grande possibilidade de resultar em lesão, morte, dano psicológico, deficiência de desenvolvimento ou privação" (WHO, 1996, p. 30, tradução nossa).

É importante considerar que nem toda prática violenta é explícita: a intriga caluniosa e desmoralizante, o sarcasmo que denigre a imagem, o constrangimento, o *bullying*\* e a tortura verbal – muitas vezes, repetidamente – são formas de violência psicológica. Nas relações de casais, por exemplo, os conflitos são razoavelmente comuns, mas é muito difícil delimitar sua prática como delituosa.

Outro ponto a se destacar é o ambiente em que ocorre a violência, não como justificativa, mas como fator a ser levado em conta na prática da mediação de conflitos, considerando-se a influência que o ambiente exerce sobre o indivíduo. Para ilustrar, há algumas etnias indígenas brasileiras mais isoladas, nas quais as mães sacrificam seus filhos recém-nascidos com problemas graves de saúde. Tal prática é considerada, aos olhos do grupo, um gesto de amor, inclusive com previsão constitucional nesse caso específico, porém, existem projetos para mudar essa realidade.

A intolerância e a frustração induzem, muitas vezes, o indivíduo emocionalmente envolvido a defender-se ou avançar contra algum tipo de dano (suposto ou concreto) que o perturbe psicologicamente. Essa reação pode ser violenta e seu intento, mesmo que desproporcional, ilegal ou, ao menos, inadequado, é solucionar o conflito. Essas situações caracterizam atitudes que o profissional de segurança pública deve estar em condições de entender e, se possível, evitar.

No âmbito da psicologia das massas, estudam-se as causas dos conflitos envolvendo grupos sociais, como a omissão ou falência das autoridades constituídas. A ausência de políticas públicas e dos próprios representantes em determinada localidade carente pode acarretar atos de violência e definir a forma de manejo e os conhecimentos necessários para solucionar tal situação.

---

\* "*Bullying*", de acordo com Marques (2010, p. 80), é uma palavra inglesa que significa o conjunto de práticas de ameaças, maus-tratos e outras formas de intimidação física ou psicológica contra alguém.

O conflito é inerente à condição humana e permeia as relações interpessoais. As ações reativas, no entanto, devem ser vistas como exceção aplicada na resolução de conflitos, após esgotadas todas as formas de diálogo – e, mesmo quando necessárias, têm de ser pautadas pelos princípios do uso da força policial (legalidade, necessidade, proporcionalidade, moderação e conveniência), conforme preconiza a legislação específica sobre o tema.

Quando se trata dos profissionais de segurança pública, a prática da violência demonstra despreparo, amadorismo e empirismo; e o resultado da ação tende a ser extremamente negativo, sobretudo em ocorrências policiais; recorrer à força pressupõe preparo, conhecimento técnico e profissionalismo; esta pode não ser a resposta ideal, mas estará amparada pelos aspectos éticos, morais e legais.

Como exemplo, citamos uma ocorrência policial em que um indivíduo comete um delito, mas, durante a prisão, resiste e acaba lesionado em razão do uso necessário da força pelos policiais. Para a sociedade e, em particular, a vítima, a polícia agiu corretamente; todavia, o autor, seus amigos e familiares podem entender como violência descabida. A forma de atuação é que demonstra se houve violência desnecessária ou apenas o uso da força suficiente para cessar a resistência.

## Para saber mais

Os seguintes textos abordam a prática de infanticídio em algumas etnias indígenas brasileiras:
TRADIÇÃO indígena faz pais tirarem a ida de crianças com deficiência física. **G1**, Fantástico, 7 dez. 2014. Disponível em: <http://g1.globo.com/fantastico/noticia/2014/12/tradicao-indigena-faz-pais-tirarem-vida-de-crianca-com-deficiencia-fisica.html>. Acesso em: 15 dez. 2016.

SIMÕES, J. da S.; VASCONCELOS, F. J. M. Infanticídio em tribos indígenas brasileiras. **Revista Expressão Católica**, v. 3, n. 2, p. 67-72, jul./dez. 2014. Disponível em: <http://revistaexpressaocatolica.fcrs.edu.br/wp-content/uploads/artigos/2015/v4n1/ART8.pdf>. Acesso em: 15 dez. 2016.

## 2.8 Manejo de conflitos envolvendo relações de poder

Segundo Foucault[*], entender as relações de poder entre os indivíduos requer ir além daquelas exercidas pelas instituições sociais – como o Estado, que o filósofo qualifica como "poder de fato".

Manejar a resolução de conflitos pressupõe identificar, em um caso concreto, a origem da influência de um indivíduo ou grupo sobre outro, bem como analisar seus processos e efeitos.

O poder perpassa toda e qualquer interação social, tanto no âmbito privado quanto no público; ele está presente nas relações pessoais de intimidade, afetividade, amizade e familiaridade, por meio das atitudes e posturas adotadas, e nas relações sociais e públicas, ligadas aos cargos e funções desempenhados.

Nosso objeto de análise são os níveis de poder exercido, dos quais se originam os conflitos que, consequentemente, podem desencadear a violência – caso em que a resolução deixa de ser pacífica, mesmo que por um momento, e passa a demandar o emprego de outros níveis mais incisivos de força para conter agressões.

---

[*] O francês Michel Foucault (1926-1984) foi um filósofo, historiador, professor, crítico literário e ativista político, que apresentou teorias sobre as relações entre o poder e o conhecimento e seu uso como forma de controle social, por meio das instituições sociais. Entre suas obras, pode-se destacar *Vigiar e punir*.

Voltando à teoria foucaultiana, é possível melhor compreender os conflitos originários das interações sociais considerando-se os seguintes aspectos:

» **Ninguém é titular do poder**: Ele se difunde em várias formas e direções, em casas e ruas, relações afetivas e sociais e instituições.

» **Conhecimento é poder**: Foucault (2008, p. 149) esclarece que "[...] instituições como a escola, o hospital, a prisão, o abrigo para menores não são politicamente neutras, nem estão simplesmente a serviço do bem geral da sociedade".

» **O poder nunca é exterior ao sujeito**: Não é algo palpável, que possa ser materialmente adquirido, mas exercido a partir de qualquer das formas de relação entre os desiguais.

» **O poder necessita de um discurso**: Pressupõe, portanto, uma maneira de comunicação, verbal ou não verbal, que define o nível de relação de poder que um indivíduo exerce sobre outro.

» **O poder deriva das relações**: Uma vez que pode variar durante a relação, há a necessidade de ser reconhecido pela outra parte. Quando ocorrem problemas durante o processo de comunicação entre as partes ou desequilíbrios na divisão de poderes, tende a haver conflito.

» **O poder não é absoluto**: Em algum momento, uma das partes depende de recursos da outra. Como muitas vezes as partes exercem, uma sobre a outra, diferentes graus de poder, semelhante desnivelamento pode gerar a disputa.

» **O poder precisa de reconhecimento**: Porque existem várias formas de poder (concreto, simbólico ou idealizado), ele precisa ser identificado, tanto pela força quanto pelo consentimento.

» **O exercício do poder gera resistência**: Ao apresentar suas condições, aquele que exerce o poder recebe, em contraponto, uma barreira de oposição da outra parte, que também tenta se impor (situação popularmente conhecida como "queda de braço").

» **A repetição reforça o discurso**: O detentor do poder deixa de ser questionado. Essa situação dá, ao mediador ou interventor a possibilidade de desmistificar preconceitos e subculturas, bem como viabiliza uma nova maneira de entender a relação.

Com base nesses argumentos, o mediador ou interventor deve distinguir se o poder é construtivo ou autoritário. No primeiro caso, pode-se usá-lo como aliado; no segundo, é necessário um esforço maior para desconstituí-lo com vistas a uma solução justa e equânime.

É importante salientarmos que a violência pode ser física ou psicológica, como nos casos de violência contra a mulher, cuja forma muitas vezes é de constrangimento ou imposição de força. Ao agredir alguém, o agressor inevitavelmente provoca dano e, em alguns casos, a vítima pode revidar, deflagrando consequências piores para ambas as partes. Quando essa violência parte do mediador ou interventor e dos integrantes de sua equipe – o uso legal da força –, há um retrocesso na mediação, que necessita ser retomada, despendendo-se mais tempo.

## 2.9 Uso diferenciado da força legal

Embora o processo de manejo tenha o objetivo de solucionar pacificamente os conflitos, há situações em que uma ou mais partes apresentam predisposição à violência. Mesmo em tais casos, o mediador ou interventor deve avaliar o cenário e verificar a possibilidade de diálogo. Caso seja inviável, o operador de segurança pública deve pautar sua atuação nos princípios do uso diferenciado da força, recomendados pelas organizações internacionais de direitos humanos, bem como pela União e pelas instituições de segurança pública brasileiras.

A Portaria Interministerial n. 4.226, de 31 de dezembro de 2010, do Ministério da Justiça e da Secretaria de Direitos Humanos da Presidência da República, estabelece as diretrizes para o uso da força pelos agentes de segurança pública, tem caráter obrigatório para os órgãos de segurança pública federais e é recomendada aos entes federados (Brasil, 2011).

Na verdade, a portaria segue o disposto em tratados e convenções internacionais adotados pela Organização das Nações Unidas (ONU), nos quais o Brasil é signatário. No Quadro 2.2, destacamos esses documentos principais na área.

*Quadro 2.2 – Tratados e convenções internacionais da ONU sobre o uso da força*

| Órgão/reunião | Documento resultante |
|---|---|
| Assembleia Geral das Nações Unidas de 1979 (Resolução 34/169, de 17 de dezembro de 1979). | Código de Conduta para os Funcionários Responsáveis pela Aplicação da Lei. |
| 8º Congresso das Nações Unidas para a Prevenção do Crime e o Tratamento dos Delinquentes, realizado em Havana, Cuba, de 27 de agosto a 7 de setembro de 1999. | Princípios Básicos sobre o Uso da Força e Armas de Fogo pelos Funcionários Responsáveis pela Aplicação da Lei de 27 de agosto a 7 de setembro de 1999. |
| Conselho Econômico e Social das Nações Unidas na sua resolução 1989/61, de 24 de maio de 1989. | Princípios Orientadores para a Aplicação Efetiva do Código de Conduta para os Funcionários Responsáveis pela Aplicação da Lei de 24 de maio de 1989. |
| Assembleia Geral das Nações Unidas, Nova York, 0 de dezembro de 1984. | Convenção Contra a Tortura e outros Tratamentos ou Penas Cruéis, Desumanos ou Degradantes. |

Fonte: Elaborado com base em Brasil, 2010.

Entre os pontos mais importantes, a portaria foi idealizada para padronizar os procedimentos de atuação dos operadores de segurança pública à luz dos princípios internacionais sobre o uso da força e reduzir paulatinamente os índices de letalidade resultantes de ações envolvendo tais agentes.

Em 22 de dezembro de 2014, por meio da Lei n. 13.060, de 22 de dezembro de 2014 (Brasil, 2014), o governo federal ratificou alguns pontos relevantes da supracitada portaria interministerial, disciplinando o uso de instrumentos de menor potencial ofensivo pelos operadores de segurança pública e estendeu-os a todo o território nacional – portanto, às forças de segurança municipais, estaduais e do Distrito Federal dentro do conceito de uso diferenciado da força.

### 2.9.1 Conceito de força

O filósofo italiano Norberto Bobbio (citado por Lafer, 2012)[*] explica que "a violência busca o imediatismo, é descontínua, desproporcional e imprevisível. A violência é a força sem medida, a força é a violência com medida". Cabe ao operador de segurança pública aplicar a força, na medida exata, nas intervenções coercitivas contra pessoa ou grupo, com a finalidade de cumprir a lei e preservar a ordem.

A violência, portanto, pode ser usada por qualquer pessoa ou grupo, muitas vezes estimulado ou manipulado, para agir de forma arbitrária, empírica e improvisada; todavia, a força a ser empregada, dentro dos limites da lei, depende de treinamento, técnica apurada e profissionalismo.

---

[*] Norberto Bobbio (1909-2004) foi um dos grandes pensadores do século XX. Formado em Filosofia e Direito, foi professor universitário, jornalista, historiador, escritor e político. Entre seus trabalhos, destaca-se o livro *Teoria geral da política: a filosofia política e as lições dos clássicos*.

## 2.9.2 Nível de uso da força

É a intensidade da força aplicada pelo operador de segurança pública em resposta à ameaça, iminente ou potencial, representada pelo agressor. As instituições de segurança pública adotam modelos de uso da força legal nas quais a presença física e a verbalização são as primeiras alternativas para o operador de segurança pública ao se deparar com uma ocorrência conflitante. Estas antecedem o uso da força física (técnicas de controle de contato e imobilizações) e o emprego de instrumentos de menor potencial ofensivo. O recurso derradeiro é o uso da arma de fogo nos casos de risco à vida e à integridade física das pessoas.

## 2.9.3 Instrumentos de menor potencial ofensivo

São as armas, as munições e os equipamentos desenvolvidos para evitar o uso da força letal, com o intuito de preservar vidas e reduzir a gravidade das lesões causadas às pessoas. Alguns exemplos são: espargidores químicos (gases pimenta e lacrimogêneo), munições de impacto controlado (elastômero) ou químicas, granadas explosivas e de emissão química e dispositivos elétricos incapacitantes.

## 2.9.4 Uso diferenciado da força

O anexo II da Portaria Interministerial n. 4.226/2010 define o uso diferenciado ou seletivo da força como a escolha apropriada do nível de força a ser empregado em resposta a uma ameaça iminente ou potencial, com vistas a limitar os meios e instrumentos necessários para sobrepujar a resistência apresentada e diminuir as causas de ferimentos e mortes.

Portanto, os operadores podem concluir que o uso da força deve ser diferenciado, pautado em seus princípios norteadores, para se evitar excessos.

### 2.9.5 Princípios norteadores do uso diferenciado da força

Os princípios constantes no anexo I da Portaria Interministerial 4.226/2010 são legalidade, necessidade, proporcionalidade, moderação e conveniência.

■ **Legalidade**

Esse princípio estabelece que a força pode ser usada apenas para se atingir um objetivo legal e nos estritos limites da lei. Tal princípio, previsto no *caput* do art. 37 da Constituição Federal (CF), assim dispõe: "A administração pública direta e indireta de qualquer dos Poderes da União, dos Estados, do Distrito Federal e dos Municípios obedecerá aos princípios de legalidade, impessoalidade, moralidade, publicidade e eficiência" (Brasil, 1988), estendendo-se aos seus agentes. Também se encontra fundamentado no art. 5º, inciso II, da Carta Magna, prescrevendo que "ninguém será obrigado a fazer ou deixar de fazer alguma coisa, senão em virtude de lei".

Assim, toda atividade funcional da Administração Pública está sujeita aos preceitos da lei, sendo que qualquer desvio desse princípio submete o operador de segurança pública às responsabilidades criminal, civil e disciplinar – contexto que enquadra o mediador ou interventor nos conflitos com ou sem a necessidade de uso da força.

■ **Necessidade**

A Portaria Interministerial n. 4.226/2010 (Brasil, 2011) dispõe: "O aumento da intensidade de força empregada somente poderá ocorrer quando níveis de menor intensidade forem insuficientes para atingir os objetivos legais". A atuação coercitiva do operador deve buscar conter o infrator resistente ou interromper suas ameaças potenciais ou reais.

## ▪ Proporcionalidade

O nível da força deve ser compatível com o grau de ameaça apresentado pelo agressor e os objetivos legais almejados pelo operador de segurança pública. Assim, sempre que possível, o operador deve selecionar o meio menos gravoso disponível nas ações a serem executadas. Para exemplificar, citamos o adágio popular segundo o qual "não se deve usar uma marreta para matar uma formiga".

## ▪ Moderação

A força empregada pelo operador deve ser, além de proporcional, comedida, ou seja, empregada na medida certa para cessar a injusta agressão. Considere a seguinte situação como exemplo: um operador de segurança pública necessita usar força extremada, ou seja, por meio de arma de fogo, contra agressor armado; possivelmente, um único disparo seja suficiente para de cessar a ameaça iminente.

## ▪ Conveniência

O operador deve avaliar o momento oportuno de emprego da força, pois, dependendo do contexto, a atuação pode gerar efeitos mais graves do que o próprio conflito ou colocar em risco outras pessoas.

Por exemplo, um mediador ou interventor identifica um infrator contumaz em maio a um grupo de pessoas. Para detê-lo, deve avaliar se a ocasião é adequada ou se é possível acompanhá-lo e abordá-lo à parte do grupo em que se encontra. Dessa maneira, evita-se um agravamento do suposto conflito com o envolvimento de terceiros.

■ Forma de recordar os princípios do uso diferenciado da força

A forma mais prática de respeitar todos os princípios citados é transformá-los em perguntas direcionadas ao conflito. Apresentamos alguns questionamentos possíveis no Quadro 2.3.

Quadro 2.3 – Avaliação sobre uso da força

| Há infração? |
|---|
| É necessária a atuação? |
| Qual é o meio ou a alternativa tática mais adequada? |
| Até que ponto usar tal meio ou partir para outro mais ou menos brando? |
| O momento é oportuno para a atuação? |

Lembremos que a primeira alternativa é a mediação, porém, certas ocorrências requerem medidas mais contundentes, as quais devem, igualmente, respeitar os princípios mencionados.

# Para saber mais

O uso da força, por parte dos operadores de segurança pública, está amparado no arcabouço legal. Entre as legislações que tratam do tema, em especial o combate aos excessos destacamos a Lei n. 4.898, de 9 de dezembro de 1965, que contempla o abuso de autoridade, e a Lei n. 9.455, de 7 de abril de 1997, que aborda os crimes de tortura.
BRASIL. Lei n. 4.898, de 9 de dezembro de 1965. **Diário Oficial da União**, Poder Legislativo, Brasília, DF, 13 dez. 1965. Disponível em: <http://www.planalto.gov.br/ccivil_03/leis/L4898.htm>. Acesso em: 16 dez. 2016.

BRASIL. Lei n. 9.455, de 7 de abril de 1997. **Diário Oficial da União**, Poder Legislativo, Brasília, DF, 8 abr. 1997a. Disponível em: <http://www.planalto.gov.br/ccivil_03/leis/L9455.htm>. Acesso em: 16 dez. 2016.

## 2.10 Harmonia social

A mediação de conflitos é a maneira mais eficaz para solucionar conflitos na área de segurança pública, porque durante todo o processo almeja-se a harmonia social nas mais diversas relações. É o resgate da cultura baseada no diálogo, inclusive porque trata alguns tipos de conflito como uma etapa necessária para se progredir em direção à solução.

As práticas de mediação são reflexo de uma visão inovadora na área da segurança pública, pois vão além de objetivos como a tranquilidade e a ordem pública, enveredando pelo caminho de uma cultura de harmonia e paz social. Elas deixam de lado a transferência do problema e de sua solução para terceiros (outros órgãos públicos).

## 2.11 Estratégia para a resolução pacífica de conflitos

Considerando o que estudamos até o momento e com base na doutrina da temática de mediação de conflitos (Sampaio; Braga Neto, 2007), estabelecemos uma sequência de trabalho para o manejo de conflitos na área da segurança pública, cuja resolução pacífica requer um mediador ou interventor. Diante do exposto nas seções seguintes, discorreremos sobre cada aspecto a ser contemplado.

## 2.11.1 Momento

A escolha do local e do instante oportuno para estabelecer o primeiro contato é decisiva na solução do conflito. Não é recomendável ao operador resolver o conflito de imediato quando chega ao local (à exceção dos casos em que haja risco iminente à integridade física ou psicológica das pessoas), pois um pequeno intervalo de tempo permite que o "calor dos fatos" (momento de fortes emoções) diminua e a avaliação seja mais técnica. Tal atitude propicia tempo para rever o planejamento mental e definir a melhor maneira de realizar a abordagem inicial.

Outro ponto importante é identificar quem realmente está envolvido, quais são os interesses em jogo e também o que deve ou não ser falado, com o intuito de estabelecer o diálogo e acalmar os ânimos.

Também não se pode esquecer que já existem pessoas exaltadas no local do conflito. Assim, a prática tem demonstrado que o mediador deve transmitir calma, tranquilidade e isenção nos casos de mediação de conflitos.

## 2.11.2 Roteiro

O segundo aspecto relevante é deixar as partes falarem, exporem suas angústias – porém, censurando, educadamente, palavras hostis utilizadas pelas partes. Nos casos das intervenções estratégicas com movimentos sociais, o interventor deve solicitar a presença de uma comissão representativa do grupo para evitar divagações e tumultos.

Em seguida, é essencial identificar o real problema, pois nem sempre o que aparenta ser o motivo do conflito é a verdadeira causa. Para tanto, o mediador deve escolher as perguntas adequadas, usar frases curtas, objetivas e de fácil compreensão, indo direto ao ponto. Nas ocorrências mais complexas, ele deve anotar os pontos mais relevantes expostos pelas partes, pois, além de demonstrar interesse pelo assunto, esse procedimento permite relembrar outras etapas do manejo. Em conflitos entre vizinhos, é interessante buscar discretamente o depoimento de outras pessoas que morem na localidade e que não tenham relação direta com qualquer das partes.

Nossa experiência indica que, durante toda essa fase de coleta de dados, devemos avaliar os pontos mais relevantes do conflito e as formas legais mais aceitáveis de solução para ambas as partes. Definir essa linha de raciocínio facilitará imensamente a resolução pacífica.

### 2.11.3 Proposta

Ao apresentar a proposição às partes, o mediador deve assegurar-se de que será bem compreendido, pois interpretações equivocadas podem se tornar um retrocesso e agravar o conflito que você está disposto a resolver.

Caso alguma das partes do conflito não conheça o idioma pátrio ou utilize a Língua Brasileira de Sinais em sua comunicação e o mediador não consiga ser compreendido, é indispensável o uso de um interlocutor capaz de estabelecer o diálogo, mas sempre orientado pelo mediador.

Reiteramos que a solução deve ser em conjunto, em conformidade com os aspectos legais. Para tanto, o operador deve se certificar de que todos compreenderam a proposta, seus encaminhamentos e suas consequências.

### 2.11.4 Resposta (*feedback*)

Como o conflito envolve duas ou mais pessoas ou grupos, o mediador ou interventor deve prestar atenção aos argumentos apresentados pelas partes. Muitas vezes, o simples fato de deixar as pessoas exporem seus pontos de vista é suficiente para acalmar os ânimos e viabilizar o entendimento.

## 2.11.5 Compreensão

Nesse momento, o mediador deve ser bom ouvinte e manejar apenas os sentimentos mais exaltados. As propostas só devem ser apresentadas depois de o operador se assegurar de que tudo o que for relevante já foi dito.

## 2.11.6 Motivo

Após todos exporem seus motivos e argumentos, o interventor precisa garantir que as partes concordam quanto a qual é o problema a ser resolvido e identificam as expectativas que cada uma tem quanto à sua solução.

## 2.11.7 Propostas

O mediador deve propor as alternativas para a solução do conflito, bem como ouvir propostas advindas das partes, desde que respeitem a lei e, se possível, atendam a ambas de forma equânime.

## 2.11.8 Solução

Após passar por todas as etapas anteriores, o mediador deve apresentar uma solução, dentro da legalidade e de sua competência, que agrade a ambas as partes, se possível.

Nem sempre as partes ficam plenamente satisfeitas; de qualquer forma, o manejo promove uma evolução no processo. Por vezes, é importante ceder de um lado para ganhar de outro; o essencial é chegar a um consenso e, consequentemente, a uma solução pacífica.

A prática mostra que muitos conflitos não são resolvidos por meio do manejo, nem mesmo de maneira pacífica, mas, nas ocorrências em que for possível, o mediador deve estar apto a atuar.

## 2.12 Mediação comunitária

Considerando que a mediação de conflitos tem por objetivo a resolução pacífica dos conflitos, muitos dos quais sugem nas relações interpessoais, é um caminho inevitável quando se almeja uma solução célere.

A necessidade de mediação surge em um contexto em que uma instituição responsável pela segurança pública trabalha em uma comunidade na qual há conflitos decorrentes das transformações que a perpassam e das formas de sociabilização dos indivíduos que delam fazem parte.

A mediação comunitária cria espaços de diálogo, em que as pessoas podem expor seus anseios, suas diferenças e participar da resolução de maneira pacífica e célere. Tal dinâmica também reforça o capital social de uma comunidade ou grupo – e, nesse ponto, as instituições de segurança são importantes para exercer a função de mediador.

> **Preste atenção!**
> Em um conflito entre vizinhos, parentes ou amigos ou em um problema de toda uma comunidade em relação à indisponibilidade de determinado serviço público, o fato de existir um espaço e uma pessoa – no caso, o mediador ou interventor – para receber as partes atingidas é um grande passo para a solução pacífica do conflito em questão. Nesse enfoque, a mediação comunitária deve integrar as políticas públicas da sociedade.

## 2.13 Definição de capital social

De acordo com Putnam (1995), capital social são os meios disponíveis às pessoas, aos grupos e às organizações para realizar ações coletivas. Envolve o ambiente, o contexto, o comprometimento de seus integrantes, as expectativas criadas e a confiança em seus representantes (aqui, pode-se incluir o mediador participativo da localidade).

O capital social surge do fortalecimento das relações interpessoais e serve para facilitar as atividades desenvolvidas. São redes de engajamento sociais formadas por associações comunitárias e culturais, clubes e conselhos comunitários de segurança. Por meio de reuniões periódicas, são expostos e discutidos os problemas e apresentadas as propostas e os recursos necessários para a solução.

De acordo com Putman (citado por Boeira e Borba, 2006, p. 3) "o capital social é [...] um conjunto de características da organização social – confiança, normas e sistemas – que tornam possíveis ações coordenadas".

Comunidades que têm capital social bem definido são capazes de resolver desde conflitos entre vizinhos até problemas crônicos de violência na localidade, com base na participação de órgãos sociais e públicos, desenvolvendo atividades culturais e cívicas e fortalecendo o ambiente contra ameaças exógenas.

O capital social tem o potencial de reduzir tempo (celeridade) e custos (economicidade), cooperando para a resolução pacífica dos conflitos. Também torna a comunidade em questão mais bem preparada para enfrentar novos problemas. Por exemplo, algumas comunidades usam o sistema vizinho solidário, em que o morador que está em casa fica atento à movimentação em sua rua e na vizinhança e, se necessário, contata outros vizinhos para averiguar a situação ou órgãos de segurança pública para alertá-los de que algo ao menos suspeito está acontecendo.

## Para saber mais

Indicamos a leitura da resenha da obra *Os fundamentos teóricos do capital social* – livro de Silvio Salej Higgins. Nela, você encontra outras informações sobre o tema *capital social*.
BOEIRA, S. L.; BORBA, J. Os fundamentos teóricos do capital social. **Ambiente & Sociedade**, Resenha, Campinas, v. 9, n. 1, jan./jun. 2006. Disponível em: <http://www.scielo.br/scielo.php?script=sci_arttext&pid=S1414-753X2006000100011>. Acesso em: 16 dez. 2016.

## 2.14 Técnicas de manejo de conflitos

A comunicação é primordial durante o processo de manejo de conflitos. Isso vale para o diálogo entre todos os envolvidos. É importante salientar que a atividade de segurança pública é complexa, pois abrange várias temáticas e há situações em que os operadores de segurança pública precisam recorrer a especialistas para assessorar o desfecho da disputa.

Segundo Nazareth (2009), o foco do mediador deve ser a comunicação eficiente, assim como a identificação do que está subentendido, em vez do entendimento das minúcias do conflito, o que demanda tempo e prejudica a dinâmica do processo. Para tanto, existem técnicas para interpretar a linguagem e as expressões corporais, como sinais de nervosismo.

Nazareth (2009, p. 46) ainda explica que: "a linguagem utilizada deve ser neutra. [Deve-se evitar] os preconceitos, estereótipos e as convenções sociais. Opiniões e valores pessoais também devem ser deixados de lado".

Um sinal de que a comunicação está fluindo bem no manejo do conflito é quando as partes estão atentas, interessadas e participativas. Quando a comunicação está deficitária, as pessoas tendem a ficar indiferentes e até dispersas ante as propostas e explanações do mediador.

### 2.14.1 Escuta ativa

Como comentamos anteriormente, o mediador deve ser um ótimo ouvinte (Sampaio; Braga Neto, 2007), receptivo aos argumentos apresentados pelas partes, mas jamais pode acompanhar passivamente as falas. Precisa demonstrar atenção, paciência, respeito e interesse, enquanto avalia a confiabilidade dos argumentos e o comportamento das pessoas envolvidas, não se esquecendo de fazê-lo de forma equânime (por exemplo, dispor o mesmo tempo para ambos os envolvidos).

O mediador precisa filtrar os argumentos e definir se são legítimos ou falaciosos, relevantes ou irrelevantes, sempre de maneira isenta e livre de preconceitos. Também precisa estar ciente de que, em alguns casos, não há possibilidade de entendimento entre as partes – mas que, ainda assim, é possível acalmar os ânimos e dar outros encaminhamentos (uma disputa judicial, por exemplo), evitando o agravamento do conflito.

A experiência profissional na área da segurança pública nos permitiu identificar dois modelos básicos de manejo de conflitos:

1. **intervenção estratégica**, em que o conflito é gerenciado diretamente entre as partes – uma das quais é o operador de segurança responsável, que chamamos de *interventor*, pois estará de alguma maneira representando o Estado (preservação da lei e da ordem);
2. **mediação de conflitos**, em que o operador atua como moderador para as partes (como acontece na maioria dos conflitos dessa área, em que muitas vezes as partes exigem a presença de um agente público).

## 2.14.2 Fases do manejo do conflito

Apesar de, na maioria das vezes, o profissional responsável pelo manejo conseguir solucioná-lo de forma muito simples, para as ações do mediador, conforme Nazareth (2009), são necessários cinco passos para uma negociação efetiva. Adequamos esses passos à área da segurança pública como fases de execução do manejo.

### ■ Preparação

Além de estar preparado para o manejo, o operador deve coletar o máximo de informações sobre o conflito (causas, interesses, perfil e ânimo das partes e contexto).

Para obter tais informações, o mediador deve escolher as perguntas certas para identificar a origem e o processo de evolução do conflito e definir a estratégia e as metas a serem alcançadas, sem, contudo, macular a intimidade das pessoas.

### ■ Conscientização

Nem sempre os objetivos das partes podem ser atendidos e, por isso, cabe ao mediador ou interventor esclarecer os fatos de forma isenta, bem como apresentar as opções exequíveis.

Para conquistar a credibilidade das partes, é importante criar o chamado *rapport**, que nada mais é do que estabelecer um relacionamento, baseado em empatia e confiança.

Isso pressupõe que o mediador ou interventor se coloque na posição de cada uma das partes. Em seguida, ele deve tentar posicionar uma parte conflitante no lugar da outra. Assim, tanto o mediador

---

\* Segundo Marques (2010, p. 419), *"rapport"* é um termo de origem francesa que significa "relação", correspondendo a criar empatia, por meio de um relacionamento de confiança e harmonia, a fim de tornar as pessoas mais receptivas e predispostas ao diálogo.

quanto as partes podem abandonar uma visão unilateral e ter um melhor entendimento. Dessa maneira, o responsável pelo manejo cria um clima propício ou, ao menos, mais ameno para o diálogo.

A boa condução do manejo depende dessa harmonia, não permitindo ofensas pessoais. É essencial manter o foco, esquivando-se de argumentos falaciosos ou que fujam do assunto. Tendo noção do nível de ansiedade e dos interesses das partes, o mediador pode detectar os objetivos de cada uma delas e a forma de conduzir os trabalhos.

O interventor precisa ficar tranquilo e manter a calma das pessoas envolvidas. Não é recomendável a ele questionar os sentimentos expostos; deve apenas controlá-los quando se exaltarem. Lembremos que a linguagem corporal auxiliará na identificação das reais causas do conflito (Weil; Tompakow, 1986). Tanto a mediação de conflitos quanto a intervenção estratégica se valem de algumas técnicas de outras áreas, como a negociação em crises, porém, são atividades distintas e muito bem definidas nas instituições de segurança pública.

## ■ Manejo propriamente dito

De posse de todas as informações relevantes, o mediador auxilia as partes na escolha de uma opção viável para ambas. Ele deve ter em mente que, muitas vezes, alguém precisa ceder para que se chegue a um entendimento.

Após identificar os interesses, claros ou latentes, o mediador ou interventor deve definir e apresentar as opções possíveis (coerentes, legais e éticas). Cabe a esse profissional estimular as partes a apresentarem alternativas viáveis para a solução do conflito, pois a fase mais tensa, em que ainda poderiam florescer ofensas e animosidades ou reclamações e troca de acusações, já foi superada.

O operador percebe que o manejo está avançando quando as partes começam a ceder em direção a um ponto de equilíbrio, ou seja, rumo ao acordo.

## ■ Acordo

Se as fases anteriores não estiverem bem estruturadas e solidificadas, o acordo pode desmoronar em decorrência de detalhes importantes, negligenciados em algum momento do processo.

Quando há mais de uma opção de acordo, é adequado colocá-las em ordem de importância e realizar o *brainstorm*[*], viabilizando o surgimento de uma nova alternativa de solução do conflito, que deve ser avaliada pelo encarregado do manejo.

## ■ Restauração

Muitas vezes, chega-se a um acordo satisfatório para as partes e ainda é possível reaproximar os envolvidos. Então, cabe ao mediador de visão proativa buscar a reconciliação, de modo que novos conflitos sejam evitados.

Uma técnica para tentar a aproximação das partes é destacar os avanços obtidos desde o início do manejo, por meio do diálogo. No caso das intervenções com movimentos sociais, o responsável pelo manejo pode apresentar os caminhos para a continuidade do processo, como esclarecer e adiantar o contato com outras autoridades. Como exemplo, imaginemos um grupo de moradores de determinado local que protesta para a instalação de semáforo em um cruzamento problemático. O responsável pela intervenção pode não ter a solução aos anseios do grupo, mas tem condições de providenciar uma aproximação entre os moradores e a autoridade de engenharia de tráfego ou órgão equivalente da prefeitura.

---

\* De acordo com Marques (2010, p. 74), *brainstorm* é um termo de origem inglesa que indica a ação de apresentar ou criar ideias em grupo, com base na participação coletiva de alternativas.

## 2.14.3 Elaboração e seleção das perguntas

Com base nas técnicas de escuta ativa ou dinâmica (Nazareth, 2009), o operador deve definir quais perguntas fazer, com muita conveniência e parcimônia. Perguntas que tragam à tona lembranças dos atritos ocorridos devem ser evitadas; no entanto, se feitas de maneira adequada, talvez sejam necessárias para elucidar as causas do conflito.

Para iniciar o manejo, recomenda-se fazer perguntas abertas, pois permitem que as partes se manifestem e exponham seus anseios. Com o passar do tempo, os ânimos se acalmam e o mediador ou interventor consegue estabelecer uma linha temporal que defina como surgiu a disputa.

De posse de tais informações, o responsável pelo manejo precisa utilizar perguntas fechadas, ou seja, direcionadas às partes e aos pontos mais importantes. Essa etapa requer atenção para que o mediador não se precipite, perca informações essenciais ou chegue a uma solução instável, que pode ser desfeita ou descumprida por alguma das partes posteriormente.

## 2.14.4 Processo de mediação simplificada

Cornelius e Faire (1995, citados por Fernández, 2005, p. 157) apresentam uma versão resumida de todo o processo de mediação, conforme o Quadro 2.4.

*Quadro 2.4 – Processo de mediação simplificada*

| 1. Buscar acordos. Ao se apresentar às partes, o mediador ou interventor esclarecerá sua função e destacará:<br>» estamos presentes para solucionar o problema;<br>» as partes devem abdicar de acusações e ofensas;<br>» não interromper enquanto uma das partes ou o mediador/interventor fala;<br>» buscar e falar sempre a verdade. |
|---|
| 2. Escutar a todos:<br>» cada pessoa envolvida terá direito de apresentar o seu ponto de vista;<br>» certificarmo-nos de que todos entenderam o acordo proposto;<br>» cada um exporá suas angústias referentes à disputa. |
| 3. Resolver o conflito:<br>» cada envolvido dirá o que precisa para se chegar à solução;<br>» o mediador/interventor será um facilitador;<br>» o acordo deve ser formalizado e assinado por todos os envolvidos. |

Fonte: Elaborado com base em Fernández, 2005.

Como explicitado anteriormente, durante esse processo, o operador deve buscar um acordo entre as partes, após o esclarecimento de todos os fatos e a análise das consequências.

# Síntese

Neste capítulo, apresentamos quatro alternativas para a resolução pacífica de diferentes tipos de conflito e as características dessa mediação voltada para a participação dos envolvidos, por meio do **diálogo**, principal ferramenta para se obter uma solução consensual.

Explicitamos o que é manejo de conflitos e abordamos as formas de realizá-lo, sobretudo pelo questionamento das partes. Também delimitamos o conceito de *mediador* e delineamos os principais requisitos para exercer tal atividade.

Descrevemos os princípios que regem o manejo de conflitos na área da segurança pública: convivência, flexibilidade, oralidade, privacidade e imparcialidade.

Versamos sobre um conceito de violência e as formas de manejar conflitos que envolvem relações de poder, inclusive expondo a teoria foucaultiana, que permite um melhor entendimento dos conflitos originários das interações sociais. Comentamos o uso diferenciado da força e os princípios que o regem para os conflitos que não se consegue resolver de maneira pacífica.

Conceituamos *harmonia social* e contemplamos a estratégia para recuperá-la de maneira pacífica. Também descorremos sobre a mediação comunitária e a forma de fortalecer o capital social de um grupo social para evitar novos confrontos e solucionar da melhor maneira os existentes.

Por fim, expusemos as técnicas para o manejo de conflitos: escuta ativa, manejo dividido em partes, elaboração e seleção de perguntas e o processo de mediação simplificada.

## Estudo de caso

A maior demanda de ocorrências policiais no período de sexta a domingo, entre 23h e 4h, está relacionada ao consumo de álcool: acidentes de trânsito, perturbação do sossego e brigas, que ocasionam lesões corporais e mortes ou, ao menos, atrito entre os vizinhos.

Algumas administrações públicas municipais optam pela restrição da venda de bebidas alcoólicas em determinados dias e horários nos estabelecimentos comerciais locais, medida cuja eficácia depende da participação da comunidade e da fiscalização por parte dos órgãos competentes.

É notório o resultado positivo de tais medidas, mesmo com a possibilidade de o consumo de álcool migrar para o interior das casas – caso em que pode haver um aumento das ocorrências de violência doméstica. Uma vantagem é o fato de o usuário de bebida não se deslocar para sua casa embriagado, evitando acidentes de trânsito e outras ocorrências.

Recentemente, alguns municípios brasileiros restringiram a venda e o consumo de álcool nas proximidades e no interior de locais de eventos esportivos, em horários de jogo. A situação foi amplamente debatida nas câmaras municipais, sendo que algumas mantiveram a restrição e outras liberaram o consumo, alegando que, nos casos de proibição, o público consumidor de bebidas alcoólicas faria o uso do lado de fora da área de restrição e já chegaria ao local embriagado.

Tal argumento não foi comprovado; ao contrário, os dados estatísticos das ocorrências atendidas pela Polícia Militar mostraram que, durante o período de proibição, houve uma diminuição considerável de conflitos relacionados ao consumo da bebida.

Portanto, a exemplo da liberação ou restrição da venda de bebidas alcoólicas em locais de eventos, há vantagens e desvantagens nos casos dos estabelecimentos comerciais, porém, cabe ao operador de segurança pública avaliar e apresentar os prós e contras, a fim de atender o anseio social e reduzir os conflitos.

## Questões para revisão

1) Conceitue manejo de conflitos.
2) Descreva a função de mediador.

3) Correlacione os princípios aplicados no manejo de conflitos às suas descrições.

| Princípios | Características |
|---|---|
| I. Convivência | ( ) Buscar a solução consensual |
| II. Flexibilidade | ( ) Estabelecer o diálogo |
| III. Oralidade | ( ) Avaliar a necessidade de divulgação |
| IV. Privacidade | ( ) Adequar o planejamento |
| V. Imparcialidade | ( ) Priorizar o diálogo |

A sequência correta de preenchimento dos parênteses é:
a. I, V, II, III, IV.
b. V, I, IV, II, III.
c. V, IV, II, I, III.
d. III, I, IV, II, V.

4) Conceitue violência.

5) O que significa uso diferenciado da força?

# Questão para reflexão

1) Segundo Foucault (2008, p. 149), "se o poder fosse somente repressivo, se não fizesse outra coisa a não ser dizer 'não', você acredita que seria obedecido?". Diante de tal raciocínio, que relação pode ser estabelecida com a resolução pacífica de conflitos? Posicione-se e justifique sua resposta.

# Para saber mais

Recomendamos a leitura dos seguintes materiais complementares:

BRASIL. Lei n. 9.307, de 23 de setembro de 1996. **Diário Oficial da União**, Poder Legislativo, Brasília, DF, 24 set. 1996. Disponível em: <http://www.planalto.gov.br/ccivil_03/Leis/L9307.htm>. Acesso em: 15 dez. 2016.

BRASIL. Lei n. 13.140, de 26 de junho de 2015. **Diário Oficial da União**, Poder Legislativo, Brasília, DF, 29 jun. 2015. Disponível em: <http://www.planalto.gov.br/CCIVIL_03/_Ato2015-2018/2015/Lei/L13140.htm>. Acesso em: 20 dez. 2016.

FERNÁNDEZ, I. **Prevenção da violência e solução de conflitos**: o clima escolar como fator de qualidade. São Paulo: Madras, 2005.

FOUCAULT, M. **Vigiar e punir**: nascimento da prisão. Tradução de Raquel Ramalhete. 35. ed. Petrópolis: Vozes, 2008.

MELLO, C. A. B. de. **Curso de direito administrativo**. 19. ed. São Paulo: Malheiros, 2005.

PUTNAM, R. D. Bowling Alone: America's Declining Social Capital. **Journal of Democracy**, v. 6, n. 1, p. 65-78, Jan. 1995.

WEIL, P.; TOMPAKOW, R. **O corpo fala**: a linguagem silenciosa da comunicação não verbal. Rio de Janeiro: Vozes, 1986.

# III

## Conteúdos do capítulo:

» Psicologia individual e psicologia das massas.
» Psicologia do pânico.
» Estabelecimento da liderança de um grupo em conflito.
» Papel do operador de segurança pública perante um conflito que envolve uma massa.

## Após o estudo do capítulo, você será capaz de:

1. Entender como a psicologia das massas influencia as ações dos movimentos sociais e, consequentemente, as intervenções estratégicas das instituições de segurança pública.
2. Identificar as situações de pânico em manifestações populares e as estratégias mais adequadas para resolvê-las de maneira pacífica.
3. Reconhecer os profissionais de segurança pública que podem exercer a liderança em situações de conflito.
4. Compreender o papel do operador de segurança pública perante um conflito que envolve uma massa.

Estudo das massas

Neste capítulo, apresentamos a diferença entre as psicologias individual e das massas, bem como sua influência nas ações dos movimentos sociais e, consequentemente, nas intervenções estratégicas das instituições de segurança pública.

Tratamos das definições, características e espécies de agregados sociais, assim como dos fatores psicológicos que influenciam o comportamento de seus membros no grupo.

Identificamos as situações de pânico que podem surgir em manifestações populares e as estratégias mais adequadas para resolvê-las de maneira pacífica.

Explicamos como pode ser estabelecida a liderança por parte dos operadores de segurança pública para atuar com um grupo em conflito.

Por fim, comentamos o papel do operador de segurança pública em um conflito que envolve uma massa.

## 3.1 Psicologia individual e psicologia das massas

Para iniciar essa abordagem sobre a psicologia individual e a psicologia das massas, recorremos à explicação de Sigmund Freud[*]:

> [...] a psicologia individual se dirige ao ser humano em particular, investigando os caminhos pelos quais ele obtém a satisfação de seus impulsos instintuais, mas ela

---

[*] O médico neurologista austríaco Sigismund Schlomo Freud (1856-1939), mais conhecido como Sigmund Freud, é considerado o criador da psicanálise. Em seus estudos, propõe a investigação dos processos inconscientes do psiquismo. Suas teorias e seus tratamentos são amplamente discutidos e analisados até hoje. Entre suas obras, destacam-se *Psicologia das massas e análise do eu e outros textos* e *Sobre a psicopatologia da vida cotidiana*.

*raramente, apenas em condições excepcionais pode abstrair das relações deste ser particular com os outros indivíduos [...] [enquanto] a psicologia das massas trata do indivíduo como membro de uma tribo, um povo, uma casta, uma classe, uma instituição ou como elemento de um grupo de pessoas que, em certo momento e com uma finalidade determinada, se organiza numa massa [...]* (Freud, 2011, p. 14-15).

### 3.1.1 Grupos sociais

Segundo Oliveira (2001, p. 37), "grupo social é toda reunião de duas ou mais pessoas, associadas pela interação. Devido à interação social, os grupos mantêm uma organização e são capazes de ações conjuntas para alcançar objetivos comuns a todos os seus membros".

Bernardes e Marcondes (2009) pontuam que pode haver várias razões para a formação de grupos, mas a mais comum tem relação com o fato de as pessoas perceberem que, juntas, têm mais condições de conquistar seus intentos, por meio da união dos diferentes talentos e aptidões de seus integrantes.

Eis as características dos grupos sociais:

» **Pluralidade de indivíduos**: O grupo social é constituído por dois ou mais indivíduos (nas intervenções estratégicas em movimentos sociais, o foco é direcionado aos grupos maiores), com ideias e interesses diversos, mas que compõem a massa (coletividade).
» **Interação social**: A formação do grupo pressupõe a comunicação entre seus integrantes.
» **Organização**: Existem grupos sociais de estrutura tradicional e há aqueles que se configuram sob novos modelos, mas certa ordem interna é indispensável.

» **Objetividade e exterioridade:** Os integrantes podem ter, particularmente, objetivos diferentes, porém, a força da coletividade se sobrepõe, pois, com ou sem determinado membro, o grupo não deixa de existir.

» **Conteúdo intencional e objetivo do grupo:** Os integrantes de um grupo respeitam certos princípios e valores (pode haver um equívoco sobre seus aspectos legais, morais e éticos), com o intuito de atingir os objetivos por ele estipulados.

» **Consciência grupal:** Relaciona-se ao sentimento de "nós". Você já deve ter ouvido frases do tipo "Nós estamos aqui para protestar" ou "Nós ganhamos o jogo"; tais formas de pensar, sentir e agir são características dos movimentos sociais, cujos membros as compartilham.

» **Continuidade:** A disseminação interna das ideias e dos interesses do grupo requer uma interação efetiva, com certa duração, pois, caso seja formado ocasionalmente, tende a ser tão breve quanto suas razões iniciais (Ramos, 2014).

### 3.1.2 Agregado social

Segundo Ramos (2014), **agregado social** "é uma reunião de pessoas que mantêm entre si o mínimo de comunicação e de relações sociais". Como seus integrantes se aglomeram ocasionalmente, o agregado não apresenta uma organização e seus participantes são relativamente anônimos.

Normalmente, o agregado social forma a **aglomeração**, que consiste em uma "reunião acidental e transitória de pessoas" (Dorecki; Brito, 2015, p. 9), sendo que aqui nos referimos a um grande grupo, cujos "membros pensam e agem como elementos isolados e desorganizados", a exemplo do que ocorre nos centros urbanos durante o horário comercial.

Dorecki e Brito (2015, p. 9) explicam que, quando esse grande número de pessoas assume um interesse em comum e passam a estar psicologicamente unidas, com o surgimento do pronome "nós" entre seus membros (consciência grupal), tem-se uma **multidão**. As demonstrações de sentimento hostil ou simpático a determinada autoridade, condição social, política ou econômica por parte da multidão caracterizam as **manifestações**.

Na sequência, os autores comentam que, quando a multidão passa a promover desordem, sob estímulo de intensa excitação ou agitação, com alguns de seus integrantes perdendo o senso da razão e o respeito à lei e obedecendo a indivíduos que tomam a iniciativa de chefiar ações desatinadas, tem-se a **turba**. As turbas provocam tumultos ou distúrbios civis, por meio de depredações, saques e agressões. O **tumulto**, por sua vez, é a "[...] demonstração de natureza violenta", que ocorre "em apoio a um desígnio comum" almejado pelo grupo, por meio de ações planejadas contra quem a ele se oponha " ou, no caso dos patrimônios, contra o que representam. Se essas ações tomarem proporções maiores, em termos de duração, ações de violência ou área de abrangência, causando uma tensão ou inquietação civil, passa a configurar um **distúrbio civil ou interno** (Dorecki; Brito, 2015, p. 10).

## Para saber mais

A respeito dos agregados sociais, você pode consultar as seguintes fontes:
RAMOS, J. H. B. Grupos sociais. **Portal Educação**, Psicologia,
  12 jun. 2014. Disponível em: <http://www.portaleducacao.com.br/psicologia/artigos/57230/grupos-sociais>. Acesso em: 16 dez. 2016.

MARMANILLO, J. Grupos sociais. **Blog Mangue Sociológico**, 17 set. 2010. Disponível em: <http://manguevirtual.blogspot.com.br/2010/09/grupos-sociais.html>. Acesso em: 16 dez. 2016.

### 3.1.3 Características de uma massa

Le Bon* (1980, p. 16) assevera que a massa age por impulso, é instável e manipulável, por ser "extraordinariamente influenciável e crédula". Em determinados momentos, torna-se acrítica e seu sentimento de força convence seus membros a realizar empreendimentos improváveis, em comparação a ocasiões rotineiras. Nela, as inibições comuns do indivíduo dão lugar a "instintos cruéis, brutais e destrutivos", até então adormecidos, remetendo aos primórdios da humanidade, com o aflorar da simples necessidade de satisfação pessoal ou instintiva.

Por outro lado, podem emergir sentimentos de "renúncia, desinteresse e devoção a um ideal" (Girbal, 2010, p. 22). Há estudos que comprovam, em situações críticas, demonstrações de solidariedade, socorro e proteção, principalmente aos indivíduos mais vulneráveis do grupo.

A massa adquire uma capacidade de influenciar o indivíduo em sua vida psíquica, por meio da produção de um caráter mediano em seus integrantes. Para comprovar tal afirmação, alguns fatores psicológicos explicam o aparecimento dessas novas características:

» **Número**: Quanto mais pessoas integram uma massa, maior é o sentimento de poder e invencibilidade, favorecendo o surgimento de instintos que o indivíduo, quando isolado, manteria sob controle.

---

\* O francês Gustave Le Bon (1841-1931) foi um psicólogo social e sociólogo, autor de teorias sobre características nacionais, superioridade racial, comportamento de manada e psicologia das massas. Entre suas obras, pode-se destacar *Psicologia das multidões*.

» **Contágio mental**: "Numa massa, todo sentimento, todo ato é contagioso, e isso a ponto de o indivíduo sacrificar facilmente o seu interesse pessoal ao interesse coletivo" (Freud, 2011, p. 4).

» **Sugestionabilidade**: "Um indivíduo pode ser colocado em um estado tal que, tendo perdido sua personalidade consciente, ele obedece a todas as sugestões do operador que a fez perdê-la, e comete os atos mais contrários a seu caráter e a seu costume" (Freud, 2011, p. 22).

Dorecki e Brito (2015, p. 13) citam outros fatores derivados dos anteriores, devidamente reconhecidos pelas instituições de segurança pública brasileiras:

» **Anonimato**: A massa, que forma uma multidão ou turba, transfere um sentimento de força e proteção aos seus integrantes, que, crentes de que não serão identificados, praticam atos inusitados e improváveis, que dificilmente fariam quando isolados.

» **Imitação**: A vontade de repetir as ações – muitas vezes, ilegais – que outros membros da massa estão praticando faz o indivíduo executá-las.

» **Novidade**: Sair da rotina e viver novas situações e emoções (cometer danos ao patrimônio ou violência contra autoridades e outros grupos) é algo muito bem aceito pelos integrantes das massas – por vezes, motivados pela obtenção de vantagens (saques em estabelecimentos comerciais, por exemplo).

» **Expansão de emoções reprimidas**: Preconceitos e desejos não realizados e contidos podem causar recalques e sentimento de ódio – e, ao fazerem parte das turbas, as pessoas vislumbram a oportunidade de extravasar, por meio da prática de desordem.

# Para saber mais

Para ampliar seus conhecimentos sobre as características da massa e os fatores psicológicos de seus integrantes, você pode consultar o seguinte material:
GIRBAL, E. L. R. **Édipo em Karamazov**: uma análise psicológica d'Os Irmãos Karamazov de F. Dostoievsky. 76 f. Dissertação (Mestrado em Psicologia Clínica) – Instituto Superior de Psicologia Aplicada, 2010. Disponível em: <http://repositorio.ispa.pt/bitstream/10400.12/3608/1/12663.pdf>. Acesso em: 15 dez. 2016.

### 3.1.4 Modificação psíquica imposta pela massa ao indivíduo

Independentemente dos indivíduos que compõem uma massa, sua transformação em multidão cria uma espécie de **alma coletiva**: os participantes sentem, pensam e agem de forma bem diferente do que ocorreria se isolados. Le Bon (1980, p. 9) definiu **massa psicológica** como " um ser provisório, composto de elementos heterogêneos que por um instante se soldaram, exatamente como as células de um organismo formam, com a sua reunião, um ser novo que manifesta características bem diferentes daquelas possuídas por cada uma das células".

O indivíduo perde temporariamente suas faculdades críticas, em face dessa **desindividualização**, com o aparecimento da "alma coletiva" – o que reduz sua capacidade intelectual a patamares primitivos, irracionais e sem capacidade crítica (Le Bon, 1980, p. 9).

## 3.1.5 Interação social, interdependência entre indivíduos e encontro social

A importância do **contato social** se manifesta quando um indivíduo, após uma situação inesperada, sente-se ameaçado e precisa se comunicar com a coletividade.

Com a comunicação, há o compartilhamento de **ideias** e **sensações**, viabilizando um consenso sobre a situação, que repercute. Na medida em que o indivíduo percebe que os demais membros do grupo são sensíveis ao conflito, há uma reação circular e, quanto maior é o compartilhamento, mais pessoas são angariadas à causa (Toch, 2014, p. 58).

Segundo Durkheim* (1893) e Le Bon (1896), ao integrar uma multidão, o indivíduo se torna anônimo. Isso possibilita a seus membros almejar um objetivo em comum (Alves, 2011, p. 8). Essa sensação coletiva de anonimato sobrepõe-se aos interesses individuais e, assim, tem-se a impressão de que a responsabilidade por ações isoladas será transferida para o grupo. Tal comportamento social está equivocado, pois os operadores de segurança pública têm a função de individualizar as condutas para os respectivos registros e encaminhamentos.

Esse comportamento incentiva os integrantes do grupo a desconsiderarem as consequências, de ações que não se atreveriam a perpetrar se isolados. Assim, para Le Bon (1896), "a multidão possui uma personalidade com características próprias, com uma mente coletiva diferente das mentalidades individuais de seus componentes" (Alves, 2011, p. 8).

---

\* O francês David Émile Durkheim (1858-1917) foi um sociólogo, psicólogo social e filósofo, considerado pai da sociologia e um dos arquitetos da ciência social moderna. Entre suas principais obras, destacam-se *Da divisão do trabalho social* e *As regras do método sociológico*.

### 3.1.6 Comportamentos de uma multidão ou turba

Conforme comentamos, o indivíduo em grupo age diferentemente da maneira como agiria se estivesse sozinho, mas sempre pautado por suas próprias convicções. Dorecki e Brito (2015, p. 11) assim definem os comportamentos encontrados na multidão ou turba:

» **Agressivo**: Permeia a multidão que perde o senso da razão e se dispõe a linchar alguém ou enfrentar as instituições de segurança pública, podendo se tornar uma turba.

» **Fugitivo ou em pânico**: Típico das multidões que se deparam com situações para as quais não estão preparadas, cujos membros se veem ameaçados e, impotentes diante da situação, perdem o senso da razão e tornam-se, até certo ponto, cruéis. Cada um preocupa-se com si próprio e o grupo também pode se transformar em uma turba.

» **Aquisitivo ou predatório**: Comum nas turbas, cujos integrantes vislumbram a oportunidade de adquirir bens ou suprir suas necessidades facilmente, praticando delitos em meio ao tumulto.

» **Expressivo**: Comum nas manifestações de apoio ou desagrado aos atos ou às intenções de autoridades ou organizações. Normalmente, caracteriza passeatas, desfiles, festas religiosas, comícios e afins.

### 3.1.7 Perfil dos integrantes de uma multidão ou turba

Esquematizamos no Quadro 3.1 os perfis mais comuns em multidões e turbas apresentados por Dorecki e Brito (2015), de acordo com a doutrina de controle de distúrbios civis estabelecida nas instituições de segurança pública brasileiras.

*Quadro 3.1 – Pessoas integrantes de uma multidão ou turba*

| |
|---|
| **Impulsivos ou infratores da lei**: São os agitadores, que objetivam praticar arruaças ou rixas. Seu comportamento normal não difere muito de quando estão engajados à massa. |
| **Psicopatas**: São as pessoas que veem na massa a oportunidade de exteriorizar suas frustrações. Apresentam problemas psicológicos graves e aparentam ter "raiva do mundo". |
| **Sugestionáveis**: São aqueles que se deixam influenciar com facilidade e são conduzidos nas manifestações. |
| **Cautelosos**: São os covardes, que aguardam a obscuridade ou a oportunidade de agir no meio da massa. |
| **Hesitantes**: São aqueles que não têm opinião formada e ficam em dúvida se participam ou não da manifestação, mas mesmo assim podem fazer parte da massa. |
| **Apoiadores**: Pessoas que não participam, mas apoiam e estimulam a realização das manifestações. |
| **Resistentes**: São os sensatos, que têm opinião formada e não se deixam influenciar. Nos protestos deixam de participar quando não concordam com certas posturas ou atitudes. |

Fonte: Elaborado com base em Dorecki; Brito, 2015, p. 11-12.

Com base nesses perfis comportamentais, o profissional de segurança pública tem condições de direcionar seus esforços para uma mediação ou intervenção mais eficiente, percebendo as pessoas com quem o diálogo pode ser mais eficaz ou complicado, bem como as que demandam mais atenção e cuidados.

## 3.2 Psicologia do pânico

O pânico pode ser desencadeado pelos seguintes fatores:

» **Ameaças naturais**: Terremotos e erupções vulcânicas, por exemplo.

» **Ameaças provocadas pelo homem**: Atentados terroristas, confrontos que envolvem movimentos sociais, entre outros.

Independentemente do fator desencadeador do pânico, sempre há um risco iminente e uma sensação urgente de tomar atitudes a fim de se garantir a própria sobrevivência. De qualquer forma, "o fluxo do comportamento coletivo do tipo pânico em multidão tem início com um evento inesperado, o que desencadeia uma sensação de incerteza e de insegurança nos indivíduos" (Alves, 2011, p. 2).

Cada pessoa reage de uma maneira, porém todas se orientam de acordo com suas necessidades mais relevantes. Para melhor entendimento, apresentamos a teoria de Maslow* sobre a **pirâmide de necessidades** (Figura 3.1); nesse esquema, as necessidades são, de certa forma, hierarquizadas: as essenciais estão na base e, conforme são atendidas, o indivíduo tende a galgar o próximo nível, em direção ao topo.

Maslow, Frager e Fadiman (1970) esclarecem que o ser humano é estimulado, por causa de seus desejos e suas necessidades, a determinar o que é mais importante em dado instante e a realizar ações para satisfazer-se; define-se, assim, o comportamento do indivíduo.

Na Figura 3.1, é possível observar que a base da pirâmide contempla os interesses fisiológicos e de sobrevivência que indicam posse (respiração, alimentação, abrigo, descanso, vestuário e reprodução); o nível seguinte abrange a necessidade de estabilidade e manutenção da segurança (integridade física – tanto a própria quanto a de pessoas próximas –, saúde, bem-estar e estabilidade financeira); o terceiro nível abarca as necessidades sociais de pertencimento a grupos (família e amigos em vários níveis de intimidade, associados de clubes, sindicatos, torcidas organizadas e gangues); no quarto nível, está a necessidade de autoestima (respeito, admiração,

---

\* O psicólogo norte-americano Abraham Maslow (1908-1970) desenvolveu a teoria da hierarquia de necessidades e uma pesquisa em que reunia grupos em conflito para expor seus anseios e buscar uma solução. Entre suas principais obras destaca-se *A teoria da motivação humana*.

reconhecimento e destaque); no quinto e último nível, encontra-se a autorrealização (quando o indivíduo almeja satisfação plena, pois as demais necessidades já foram supridas).

*Figura 3.1 – Hierarquia das necessidades, conforme Maslow*

(pirâmide de Maslow, do topo para a base:)
- Necessidade de autorrealização (desenvolvimento pessoal, conquista)
- Necessidade de estima (autoestima, reconhecimento, *status*)
- Necessidades sociais (relacionamento, amor, pertencimento a um grupo)
- Necessidade de segurança (defesa, proteção, emprego, abrigo)
- Necessidades fisiológicas (fome, sede, sexo, sono)

Fonte: Adaptado de Maslow, 1943, citado por Maslow; Frager; Fadiman, 1970.

Em situações de pânico, os operadores encarregados da segurança e do socorro devem assumir a liderança, em virtude do conhecimento e do treinamento específicos para tomar decisões de forma rápida e em prol da coletividade. Segundo Alves (2011, p. 71), isso pressupõe a criação de relações sociais (vínculos com o grupo), que podem ser de contato, influência por informação e por perigo.

Para criar a **relação de liderança**, o mediador deve reconhecer que tal função é um dever funcional, que precisa ser exposto em todos os tipos de intervenção, desde uma simples orientação até situações de pânico. Ao tratar de massas, o líder deve distribuir previamente as tarefas aos demais operadores sob sua coordenação, o que é facilitado pela organização hierárquica das instituições de segurança pública.

Na **relação de contato**, o operador de segurança pública apenas interage com os demais, sem a necessidade de realizar qualquer outro tipo de intervenção. Tal vínculo é comum nas ações iniciais de policiamento comunitário, em que o operador se apresenta como elemento agregador de todos os indivíduos que queiram fazer parte daquele grupo ou comunidade (terceiro nível da pirâmide de Maslow).

Na **relação de influência por informação**, o operador serve de referência, pré-requisito de sua função. O que não é de conhecimento dele pode ser buscado com o emprego de meios de comunicação (normalmente, um centro de controle integrado), a fim de ganhar confiança e transmiti-la ao grupo (segundo nível da pirâmide).

Outro ponto importante é que "omissão gera especulação": quando o operador de segurança pública não tem ou não busca respostas às indagações do público, alguém o fará – e, talvez, de forma equivocada, o que pode agravar desnecessariamente uma situação. Por isso, é imprescindível que o profissional conheça suas atribuições (em todos os níveis de intervenção), o local em que está exercendo suas funções e a quem pode recorrer quando necessário. Para isso, as instituições devem dispor de normas e diretrizes internas que delimitem as atribuições de seus integrantes em todos os níveis (estratégico, técnico e tático) e os procedimentos operacionais padronizados para cada tipo de situação.

Na **relação de influência por perigo**, o agente deve se impor e usar o bom senso para conduzir o grupo para um local seguro, utilizando vias de escape. As informações, citadas anteriormente, são um fator determinante para o sucesso da relação. Caso o operador não tome a iniciativa pelo grupo, alguém o fará – provavelmente, sem a visão de todo o contexto, motivado pelas necessidades do primeiro nível da pirâmide.

# Para refletir

Imagine um princípio de tumulto durante uma manifestação ou evento esportivo, em que os operadores intervenham e orientem corretamente a população sobre as saídas de emergência e os procedimentos a serem acatados: certamente, a probabilidade de haver, ao fim, pessoas feridas é bastante pequena; caso a evacuação ou resolução não se dê de forma coordenada, o evento pode resultar em vários feridos ou mortos, pelo simples fato de as pessoas desconhecerem o ambiente e dependerem de algumas informações essenciais para sair daquela situação.

## 3.2.1  Efeito manada

O efeito manada é um fenômeno grupal de violência, em que as pessoas, com base em certas informações ou pela falta delas, agem, sem um planejamento, como uma manada ou bando. Há o exemplo das torcidas organizadas transformadas em turbas, após brigas ou incêndios, desabamentos e outras ocorrências passíveis de gerar pânico, durante um evento esportivo.

Segundo Figueiró (2009), esse fenômeno ocorre porque na massa, os indivíduos deixam de lado a moral e a ética, que freiam a impulsividade. As circunstâncias fazem com que ele renuncie aos seus valores e embarque na proposta coletiva de um líder – e essa proposta circula rapidamente dentro do grupo". É aí que o operador de segurança pública deve assumir seu papel antes que outra pessoa, sem treinamento e experiência, o faça.

Isso acontece porque determinadas atividades sociais, além de não transmitirem valores, incentivam, em suas relações sociais, a **cultura da violência**, em que a competição, a rivalidade e a supremacia prevaleçam, como acontece no hooliganismo (Reis; Lopes; Martins, 2015).

# Para saber mais

Para melhor compreender o efeito manada, leia a entrevista concedida pelo psicoterapeuta João Figueiró do jornal *O Estado de S. Paulo*:

FIGUEIRÓ, J. Efeito manada motiva massas. **O Estado de S. Paulo**, Entrevista. 31 out. 2009. Disponível em: <http://www.estadao.com.br/noticias/geral,efeito-manada-motiva-massas,459245>. Acesso em: 19 dez. 2016.

Quanto ao hooliganismo e à violência por ele causada, há mais informações nos seguintes artigos:

MARIVOET, S. Violência nos espetáculos de futebol. **Sociologia: problemas e práticas**, n. 12, p. 137-153, 1992. Disponível em: <http://sociologiapp.iscte.pt/pdfs/28/291.pdf>. Acesso em: 19 dez. 2016.

REIS, H. H. B. dos; LOPES, F. T. P.; MARTINS, M. Z. As explicações de Eric Dunning sobre o hooliganismo à luz do contexto brasileiro: uma reflexão crítica. **Movimento**, Porto Alegre, v. 21, n. 3, p. 617-632, jul./set. 2015. Disponível em: <http://www.seer.ufrgs.br/Movimento/article/viewFile/48189/35139>. Acesso em: 19 dez. 2016.

GASTALDO, E. Esporte, violência e civilização: uma entrevista com Eric Dunning. **Horizontes Antropológicos**, Porto Alegre, v. 14, n. 30, jul./dez. 2008. Disponível em: <http://www.scielo.br/scielo.php?pid=S0104-71832008000200009&script=sci_arttext&tlng=e!n>. Acesso em: 19 dez. 2016.

## 3.3 Estabelecimento da liderança em um grupo em conflito

Segundo Rozen (2006, p. 39), "não saber o que fazer, diante da dimensão dos desastres, aprofunda a crise". O medo e o pânico prejudicam o raciocínio e tornam o comportamento inesperado e fora do controle. A forma de conduzir as informações sobre o evento é fundamental.

Antigamente, pensava-se que, em uma situação de emergência, todos os integrantes da massa tendem a se transformar em vândalos e a deflagrar o pânico coletivo. Hoje, com base em depoimentos de profissionais que participam de resgates em situações de emergência, nota-se que isso não é verdadeiro, pois muitos querem colaborar, como pessoas com ferimentos superficiais que tentam ajudar quem está em estado mais grave. Nesse aspecto, cabe aos operadores de segurança pública permitir que essas pessoas somem esforços e organizem ações, inclusive distribuindo-lhes tarefas e responsabilidades.

Mais prejudicial que a ausência de informações é a circulação de informações equivocadas, pois a situação de pânico pode ser agravada. Devem ser utilizados sistemas de fácil identificação das saídas de emergência ou vias de fuga, bem como elementos de contato e ligação para auxiliar na condução da massa rumo a locais seguros. É preciso também concentrar a comunicação em um centro integrado.

O líder deve ter consciência dos riscos potenciais e das estratégias a serem adotadas em casos de emergência. Uma pessoa despreparada ou sem noção do perigo não pode assumir o controle, sob pena de induzir outras a cometer erros e arrastá-las para situações de risco mais grave. Imaginemos o seguinte cenário: uma massa em situação de pânico e fuga é conduzida por pessoa despreparada pelas ruas de maneira deliberada até se deparar com uma rua sem saída; as pessoas que estão atrás tendem a pressionar as da frente do grupo.

Assim, o líder deve perceber os riscos, participar do planejamento, ter capacitação na área de intervenções estratégicas, trabalhar com comunicação adequada e de maneira coordenada e buscar a participação dos integrantes do grupo ou comunidade para se estabelecer nessa função. A vontade ou intenção é um dos requisitos necessários, mas há outros imprescindíveis para se assumir a liderança de um grupo em conflito.

## Para saber mais

Mais informações sobre a doutrina de atuação dos profissionais de segurança diante de situações de emergência e desastres constam da seguinte fonte:
ROZEN, S. C. de. As construções teóricas e práticas sobre os conceitos de emergência e desastres. In: SEMINÁRIO NACIONAL DE PSICOLOGIA DAS EMERGÊNCIAS E DOS DESASTRES: CONTRIBUIÇÕES PARA A CONSTRUÇÃO DE COMUNIDADES MAIS SEGURAS, 1., 2006, Brasília. **Anais**... Brasília: Finatec/ UNB, 2006. p. 39-44.

### 3.4 Papel do operador de segurança pública perante um conflito envolvendo uma massa

Em primeiro lugar, devemos reiterar que os operadores de segurança pública são os responsáveis pela resolução de conflitos, inclusive em casos de pânico. Nesse momento, nota-se a importância dos conhecimentos em mediação de conflitos para as ocorrências mais rotineiras e pontuais, bem como em intervenções estratégicas para os movimentos sociais.

Em eventos ou manifestações públicas, ante a possibilidade de situações de perigo, o operador de segurança pública deve direcionar suas ações para **a contenção do impacto emocional dos participantes, a avaliação das perdas** e **a recuperação dos recursos de enfrentamento do problema**.

Preliminarmente, o operador deve aprimorar sua **percepção de riscos**, pois "a negação e o desconhecimento frente ao risco aumentam a vulnerabilidade individual e social" (Prieto, 2007), assim como a arrogância de acreditar que pode controlar todas as situações ou ter ideias de soluções absurdas ("pensamento mágico"). No Quadro 3.2, listamos as atitudes que devem ser evitadas pelos operadores de segurança pública:

*Quadro 3.2 – Ações que prejudicam a percepção de risco*

| |
|---|
| Desconcerto (pessoas desorientadas tendem a bloquear ou dificultar ações emergenciais). |
| Minimização da situação (duvidar que o perigo ou a ameaça seja tão grave). |
| Falta de responsabilidade no desenvolvimento dos planos (mal elaborados, desatualizados ou carente de avaliação *in loco*). |
| Falta de compromisso na gestão dos recursos profissionais, financeiros e logísticos (subestimar ou superestimar o evento). |
| Negação (não aceitar opiniões ou conselhos de profissionais especializados ou com experiência na área, assim como acreditar que pode haver risco e avaliar qualquer indício de quebra da ordem pública). |
| Desqualificação (deixar nas mãos de pessoas despreparadas as decisões). |
| Desestímulo (falta de interesse e de comprometimento com as atividades a serem realizadas). |

Fonte: Elaborado com base em Prieto, 2007.

No planejamento da operação, o operador responsável pela tarefa deve prever os meios de comunicação necessários, avaliar a credibilidade das informações sobre o evento, além de perceber e aceitar o risco.

Durante a operação, esse profissional deve deixar todos os operadores e colaboradores a par da motivação dos participantes do evento, do comportamento a ser adotado nas mais diversas situações, das medidas a serem tomadas em caso de pânico, dos locais destinados ao encaminhamento de feridos e, se necessário, de locais para abrigo temporário.

Em casos de tumulto ou pânico, o operador deve "deixar explícito, ou por mensagens de voz ou placas, quais são as metas em situações de evacuação (cabe também nos casos de dispersão), o que está acontecendo, quais atitudes são esperadas das pessoas" (Steinberg, 2005, p. 22).

O operador precisa também considerar a confiabilidade das mensagens trocadas entre os membros da equipe de operação, pois a difusão de situações equivocadas pode gerar novas ou agravar o quadro.

Segundo Mawson (2007), o responsável pela operação deve atuar na modelagem das massas, cujos participantes interagem constantemente entre si, a fim de que mudem de opinião sobre que direção tomar e a velocidade desejada. Essa interação deve ser o mais sociável possível, viabilizando analisar questões como "liderança, propagação de informações, formação de alianças, relações de confiança, convenções sociais" (Batista, 2009, p. 2). Tais parcerias podem ser obtidas com administradores do local, promotores ou organizadores do evento, imprensa, líderes de torcida entre outros agentes.

Após o evento, é importante acompanhar o tratamento psicossocial dos envolvidos, decorrente do estresse pós-traumático, e realizar reuniões de avaliação em busca do aperfeiçoamento profissional e do serviço prestado à população.

Em suma, o mediador ou interventor deve dominar as técnicas de resolução de conflitos, em especial nas situações de pânico, ter a percepção de risco adequada para identificar esse tipo de episódio, prever os meios necessários para o desenvolvimento do planejamento, atualizar as informações para todos os atores envolvidos no evento e saber seu papel de facilitador, sobretudo em casos de emergência.

# Para saber mais

Os fatores psicológicos e psicossociais que podem ser identificados em situações de desastres são abordados nos seguintes materiais:
BATISTA, A. F. de M. **Um estudo sobre a perspectiva da modelagem de sistemas multiagentes via a teoria das redes sociais**. São Paulo, 2009. Disponível em: <http://bcc.ufabc.edu.br/documentos/ModeloPG.pdf>. Acesso em: 19 dez. 2016.
PRIETO, C. G. Aspectos psicossociais em situações de desastre. In: CURSO INTERNACIONAL LÍDERES: SAÚDE, DESASTRES E DESENVOLVIMENTO, 2007, Brasília. Disponível em: <http://www.disaster-info.net/lideres/portugues/brasil_07/apresentacoes/ap.pdf>. Acesso em: 19 dez. 2016.
STEINBERG, J. G. **Desenvolvimento de modelo para simulação de situações de evacuação de multidões**. Dissertação (Mestrado em Engenharia Civil) – Universidade de Campinas, Campinas, 2005.

# Síntese

Neste capítulo, identificamos a diferença entre as psicologias individual e das massas e a respectiva influência que ambas exercem em movimentos sociais e intervenções estratégicas das instituições de segurança pública.

Definimos agregados sociais, suas características e espécies, delineamos os fatores psicológicos que influenciam o comportamento do indivíduo no grupo, como ocorre nas situações de pânico, que podem surgir em manifestações populares, e esmiuçamos as estratégias mais adequadas para resolvê-las de maneira pacífica.

Abordamos as características da liderança entre os operadores de segurança pública para atuar ante um grupo em conflito e o papel do operador de segurança pública perante um conflito que envolve uma massa.

## Estudo de caso

No dia 29 de maio de 1985, no Estádio de Heysel, na Bélgica, durante a disputa da final da Liga dos Campeões da Europa, entre Liverpool (Inglaterra), e Juventus (Itália), ocorreu uma das maiores tragédias do esporte mundial. De acordo com informações dos serviços de inteligência belga, inglês e italiano, havia grande probabilidade de confronto entre membros de ambas as torcidas. As autoridades belgas haviam definido medidas preventivas, como proibição da venda de bebida alcoólica nos estabelecimentos comerciais do entorno do estádio, revista de todos os espectadores na entrada do local e, ainda, destacamento de 1.500 policiais para a segurança do evento, inclusive com a separação das torcidas. Apesar de tais ações, os comerciantes venderam bebidas normalmente. Antes de iniciar a partida, uma joalheria foi roubada enquanto torcedores de ambas as equipes trocavam ofensas e provocações na entrada do estádio. O planejamento da segurança do evento, que previa a separação das torcidas por setores, com barreiras físicas e linhas de policiais para delimitação entre os grupos, não foi respeitado, ficando apenas uma pequena linha de segurança entre as facções.

Conforme o jogo ocorria, as brigas se agravavam até se tornarem distúrbios fora do controle das autoridades. As grades de proteção que deveriam separar o público cederam à pressão da massa e vários torcedores foram espancados por *hooligans*, que usaram as barras de ferro das grades como armas, enquanto outros se empilhavam do outro lado até o muro ceder e levar consigo muitos torcedores. O saldo foi de 39 mortos, centenas de feridos e nenhum detido pela polícia. Esse episódio foi um divisor de águas no que diz respeito ao planejamento de eventos dessa natureza e à própria estrutura física dos locais onde são realizados.

Fonte: Elaborado com base em Gonçalo Junior; Chade, 2015.

No dia 15 de abril de 1989, no Estádio Hillsborough, durante a partida entre Liverpool e Nottingham Forest, válida pelas semifinais da Copa da Inglaterra, 96 torcedores morreram pisoteados e 766 ficaram feridos. Conforme investigações das autoridades inglesas, as causas da tragédia foram superlotação e o estado de conservação e estrutural do estádio, que era muito antigo e não estava adequado às normas de segurança da época.

Fonte: Elaborado com base em Sirico, 2009.

No dia 30 de dezembro de 2000, no Estádio São Januário, no Rio de Janeiro, durante a final da Copa João Havelange, um tumulto iniciou-se nas arquibancadas e grande parte do público de um setor do estádio entrou em estado de pânico. Segundo investigações, o conflito começou com uma briga entre torcedores e ocasionou o pânico da massa, que tentou descer e sair rapidamente, mas acabou se amontoando na parte de baixo, junto ao alambrado, que cedeu em razão da pressão. A perícia técnica concluiu que havia superlotação de mais de 5 mil pessoas. O episódio resultou em 210 feridos.

Fonte: Elaborado com base em Gomide, 2001

No dia 1º de fevereiro de 2012, no Estádio de Port Said, no Egito, após uma disputa local entre Al-Mashy e o visitante Al-Ahly, milhares de torcedores invadiram o campo para comemorar a vitória da equipe mandante. Iniciou-se uma briga generalizada, que resultou em 74 mortos e 254 feridos.

Fonte: Elaborado com base em Egito..., 2015.

> Esses são alguns episódios fatídicos que marcaram a história do esporte e poderiam ser evitados ou ter seus resultados minimizados. Cabe ao operador de segurança pública perceber e avaliar os riscos, com base no estudo da massa e de seus comportamentos, para aplicar as técnicas e estratégias na mediação de conflitos e nas intervenções estratégicas que for manejar. Para tanto, o profissional responsável pelo manejo deve:
> » estabelecer previamente as lideranças;
> » conter o impacto emocional dos participantes;
> » avaliar as perdas;
> » recuperar os recursos de enfrentamento do problema.

## Questões para revisão

1) Qual é a diferença entre a psicologia individual e a psicologia das massas?

2) Quais são as características dos grupos sociais?

3) O que é agregado social e o que ele pode originar?

4) A respeito das pessoas que integram uma multidão ou turba, identifique, nas alternativas a seguir, com a letra A os comportamentos e com a B os perfis.

( ) Resistente            ( ) Psicopata
( ) Agressivo             ( ) Apoiador
( ) Cauteloso             ( ) Hesitante
( ) Impulsivo ou          ( ) Fugitivo ou em pânico
    infrator da lei       ( ) Aquisitivo ou predatório
( ) Expressivo            ( ) Sugestionável

5) O que significa psicologia do pânico?

# Questões para reflexão

1) O que se pode entender da ideia de Mawson (2007), segundo a qual o operador deve atuar na modelagem das massas, onde constantemente os participantes interagem, de tal maneira que mudem de opinião sobre que direção tomar e qual a velocidade desejada?

2) Explique por que o operador de segurança pública deve, em situações de perigo, durante eventos ou manifestações populares, aprimorar a percepção sobre os riscos com o intuito de conter o impacto emocional dos participantes, avaliar as perdas e recuperar os recursos de enfrentamento do problema (Prieto, 2007). Em seguida, apresente as medidas proativas de combate nesses casos emergenciais.

# Para saber mais

Com o intuito de expandir os conhecimentos, eis algumas sugestões de leitura relacionadas aos assuntos abordados no capítulo:
ALVES, B. dos P. **Redes sociais formadas no fenômeno do pânico em multidão**: uma análise via simulação multiagentes. 161 f. Dissertação (Mestrado em Engenharia da Informação) – Universidade Federal do ABC, Santo André, São Paulo, 2011. Disponível em: <http://bdtd.ibict.br/vufind/Record/UFAB_b9588d627131d79e4050ea39e3792220>. Acesso em: 15 dez. 2016.
BERNARDES, C.; MARCONDES, R. C. **Sociologia aplicada à administração**. 5. ed. São Paulo: Saraiva, 2009.
FREUD, S. **Psicologia das massas e análise do eu e outros textos**. São Paulo: Companhia das Letras, 2011.

LE BON, G. **Psicologia das multidões.** Lisboa: Edições Roger Delraux, 1980.

MASLOW, A.; FRAGER, R.; FADIMAN, J. **Motivation and Personality.** New York: Harper & Row, 1970.

MAWSON, A. R. **Mass Panic and Social Attachment:** the Dynamics of Human Behavior. Hampshire: Ashgate, 2007.

OLIVEIRA, P. S. de. **Introdução à sociologia.** São Paulo: Ática, 2001.

TOCH, H. **The Social Psychology of Social Movements.** New York: Routledge, 2014.

# IV

## Conteúdos do capítulo:

» Definição de *movimentos sociais*.
» Intervenções estratégicas em movimentos sociais.
» Mapa estratégico para intervenções policiais.
» Práticas a serem adotadas em manifestações populares.
» Especificidades de atuação em conflitos agrários.
» Formas de interação com torcidas organizadas.
» Assessoramento do serviço de inteligência ao operacional.
» Relacionamento com a mídia oficial e não oficial.

## Após o estudo do capítulo, você será capaz de:

1. Compreender os movimentos sociais e suas dinâmicas de atuação.
2. Determinar as intervenções estratégias disponíveis na área da segurança pública aplicáveis aos movimentos sociais.
3. Identificar as práticas a serem dotadas na solução de conflitos em manifestações populares.

Intervenção estratégica em movimentos sociais

4. Distinguir as características dos movimentos agrários e a maneira de atuar dos órgãos de segurança pública.
5. Compreender o funcionamento e a necessidade de interação com as torcidas organizadas.
6. Reconhecer a necessidade do serviço de inteligência no assessoramento do operacional perante os movimentos sociais.
7. Identificar a relevância e as formas de relacionamento com a mídia nas intervenções estratégicas em movimentos sociais.

Neste capítulo, explicamos o que são movimentos sociais, seus objetivos e suas características. Em seguida, identificamos a estrutura do modelo tradicional e o novo formato desses grupos, com uma breve contextualização a respeito deste último. Também apresentamos a definição de *intervenções estratégicas policiais*, sua importância no manejo dos conflitos que envolvem movimentos sociais no cenário atual e o mapa estratégico a ser aplicado, com a sequência das ações a serem realizadas.

Especificamos as boas práticas a serem adotadas pelos operadores de segurança pública nas manifestações populares, o exercício de direitos fundamentais de seus participantes, as nuances do planejamento desse tipo de operação e as regras de engajamento necessárias no emprego dos profissionais de segurança pública, tanto em manifestações quanto em tumultos.

Com base nos ensinamentos supracitados, apresentamos as formas de manejo e as legislações correlatas para a atuação das instituições de segurança pública em greves e conflitos por terra ou moradia, com uma breve contextualização deste último.

Mostramos a estrutura, o funcionamento das torcidas organizadas e as formas de os profissionais encarregados da intervenção estratégica interagirem com elas, com base na legislação específica. Tratamos da importância do serviço de inteligência para assessorar o operacional nas ações a serem praticadas com os movimentos populares. Comentaremos, por fim, o funcionamento da gestão da comunicação nas instituições de segurança pública, o acompanhamento das mídias sociais e, ainda, as formas de se relacionar com a mídia oficial e não oficial.

## 4.1 Movimentos sociais

Os movimentos sociais são grupos organizados de pessoas engajadas em empreender ações coletivas, associadas ao esforço para atingir os interesses do grupo, orientados para a mudança do cenário social e cultural; esses grupos sempre estão permeados por uma ideologia política. Apesar de realizarem manifestações (eventos com caráter transitório), diferem delas, por terem como característica a continuidade (Ribeiro, 2016).

Entre suas principais características, figuram a representatividade social, a defesa de uma ideologia política, o uso de símbolos para a identificação do movimento, a ressignificação de seus interesses e os ritos de inclusão e fortalecimento do grupo.

Esses movimentos têm por objetivos a manutenção ou a mudança do *status quo*, a transição ou até mesmo a revolução, dependendo dos valores e das ideologias de determinada sociedade e do contexto em que se encontram, e de acordo com sua capacidade de influenciar a sociedade como um todo.

Caracterizam-se como tais os movimentos sindicais, os movimentos de ocupação de espaços rurais e urbanos, os grupos de minorias étnicas, linguísticas e religiosas e os grupos vulneráveis. A organização não governamental (ONG), apesar de não se enquadrar no conceito, é uma "instituição da sociedade civil, que se declara sem fins lucrativos, com o objetivo de lutar e/ou apoiar causas coletivas, tendo como público-alvo os setores carentes financeiramente, envolvidos em processos de dominação" (Froz; Lopes, 2005).

# Para saber mais

Informações sobre os movimentos sociais e as organizações não governamentais estão disponíveis em:
FROZ, S. C. C.; LOPES, J. B. ONGS e movimentos sociais: elementos conceituais. In: REUNIÃO ANUAL DA SBPC, 57., 2005, Fortaleza. **Anais...** Disponível em: <http://www.sbpcnet.org.br/livro/57ra/programas/SENIOR/RESUMOS/resumo_343.html>. Acesso em: 19 dez. 2016.

## 4.1.1 Estrutura organizacional

Atualmente, há dois modelos de movimentos sociais: o **modelo tradicional**, cuja estrutura organizacional é relativamente formal; e o **novo modelo**, influenciado pela dinâmica das tecnologias e do uso das redes sociais.

### ■ Modelo tradicional

Os movimentos sociais do modelo tradicional têm uma organização própria, usada para estabelecer uma ordem, como acontece em qualquer empresa, mas pode servir para o planejamento e a execução de manifestações por eles protagonizadas. Tal estrutura pode ser muito eficaz até mesmo se as manifestações desencadearem tumultos ou outros tipos de conflito.

Em primeiro lugar, há uma estrutura de liderança externa que pode não ser evidente (atua de fora do movimento, mas exerce influência direta sobre ele) e outra, de liderança interna, que representa ostensivamente o movimento (popularmente conhecida como *testa de ferro*, pois decisões importantes passarão pela liderança externa ou por um conselho deliberativo antes de chegar à interna).

Um aspecto importante na organização do movimento social e, por conseguinte, das manifestações é a comunicação, essencial entre os membros do grupo, sobretudo entre as lideranças externa e interna. Esta pode ser estabelecida por meio de tecnologias (telefonia, rádio, internet, enfim) e até sinais ou mensageiros, quando a distância entre os líderes é pequena.

## Para refletir

Para melhor compreensão, imagine um movimento social e responda:
» Quem é a pessoa que orienta as ações do movimento em outra localidade?
» Essa pessoa está próxima, mas não em meio ao grupo durante suas reivindicações?
» Quem é a pessoa que recebe essas orientações externas e as transmite ao movimento?
» De que maneira a liderança externa pode transmitir suas mensagens à liderança interna?

Em segundo lugar, o movimento social seleciona, entre seus integrantes, de acordo com o perfil, o nível de comprometimento e a importância, pessoas para participarem de outros grupos menores, com missões específicas durante as manifestações e os conflitos por ele deflagrados.

Entre esses grupos apresentados por Dorecki e Brito (2015, p. 15-16), destacam-se:
» **Grupos de segurança**: Responsáveis por proteger e garantir a retirada de integrantes vitais – entre eles, o comando interno – nas situações em que o conflito se torna violento.

- » **Grupos de reserva**: Normalmente, permanecem nas laterais e próximos da parte dianteira das manifestações, lançando-se à frente quando necessário para impor resistência às forças de segurança pública que estiverem no local.
- » **Porta-cartazes**: Sua presença é comum em manifestações populares, pois carregam e distribuem cartazes aos elementos da massa para, em princípio, demonstrar seus anseios, porém, em situações de tumulto, podem usá-los como armas.
- » **Grupos de agitação**: Responsáveis por entoar cânticos e *slogans*, com o intuito de encorajar o movimento, por meio de uma linguagem própria do grupo, a ser repetida pela massa, que, dependendo do contexto, pode até praticar atos violentos, como agressões, saques e depredações.
- » **Grupos de remuniciamento**: Responsáveis por fornecer e reabastecer o movimento com os materiais necessários para a manifestação (água, alimentação, barracas, banheiros químicos, transporte, primeiros socorros e afins), mas podem, dependendo da intenção do movimento, providenciar materiais para confronto (pedras, pedaços de pau, garrafas, latas, artefatos explosivos improvisados, fogos de artifício, estilingues, bolas de gude, rolhas, máscaras e até armas).
- » **Grupos de choque**: Normalmente, formado por pessoas que portam capacetes, máscaras ou bandanas para ocultar o rosto e agir no anonimato, na porção anterior dos tumultos. Em alguns casos, essas pessoas estão armadas ou carregam os materiais fornecidos pelos grupos de remuniciamento, com a tarefa de intimidar a força policial ou lhe oferecer resistência.
- » **Francoatiradores**: Em conflitos muito específicos, geralmente guerras, posicionados em pontos estratégicos e, no caso de manifestações, a certa distância, atiram contra policiais ou manifestantes, a fim de incriminar alguém ou inflamar os ânimos do conflito.

É importante salientar que nem todos os grupos apresentam essa estrutura, podendo sofrer modificações de acordo com a finalidade do grupo ou ações a serem desencadeadas.

## Para saber mais

Para melhor compreender a temática dos movimentos sociais, leia: RIBEIRO, P. S. Movimentos sociais: breve definição. **Brasil Escola**. Disponível em <http://brasilescola.uol.com.br/sociologia/movimentos-sociais-breve-definicao.htm>. Acesso em: 19 dez. 2016.

### ■ Novo modelo

O novo modelo dos movimentos sociais, sob influência da dinâmica das tecnologias e do uso das redes sociais, apresenta uma roupagem peculiar.

À guisa de exemplo pessoal, lembramos uma manifestação em Curitiba, capital paranaense, organizada e convocada com antecedência por meio das redes sociais. Na ocasião, estávamos na função de interventor e, ao solicitarmos a presença do líder do grupo, obtivemos a resposta de que não havia um líder específico, mas que cada integrante tinha objetivos, intenções e vontades próprias – fala que, entretanto, foi proferida em uma espécie de coro por alguns manifestantes.

Tal situação não é novidade, pois várias manifestações similares vêm eclodindo pelo mundo com mais frequência desde 2011. São movimentos sociais de protesto, cada qual com suas peculiaridades reivindicatórias, mas com várias similaridades.

Essa onda de mobilizações e protestos começou no norte da África, com a queda de ditaduras na Tunísia, na Líbia, no Egito e no Iêmen; em seguida, houve greves e ocupações na Grécia em 2011 e na

Espanha e em Portugal em 2012, em resposta à votação de planos de austeridade para tentar superar a crise econômica. Também foram registrados conflitos com saques e incêndios criminosos nas ruas dos subúrbios de Londres, na Inglaterra, em 2011, desencadeados por manifestações para esclarecimento por parte das autoridades quanto à morte de um jovem causada pela força policial. Protestos eclodiram também no Chile em 2011 e 2012, com a participação de estudantes que reivindicavam o fim do crédito estudantil concedido pelos bancos privados com taxas de juros elevadas. Na sequência, houve o movimento Occupy Wall Street no centro financeiro da cidade de Nova York, que se propagou em outras cidades norte-americanas contra as desigualdades econômicas e sociais em 2011. Em fins do mesmo ano, foi a vez dos protestos na Rússia, por causa das eleições parlamentares consideradas fraudulentas por uma parcela da população. No Brasil, em 2013, as manifestações iniciaram-se com o movimento contra o aumento do valor das passagens de ônibus e a cobrança para estudantes (Movimento Passe Livre) e a insatisfação com a gestão dos recursos públicos, entre várias outras reivindicações, que ficaram conhecidas como "Jornadas de Junho", e ainda os protestos contra os gastos para a realização da Copa das Confederações e da Copa do Mundo.

Como afirma Carneiro (citado por Harvey et al., 2012), os movimentos sociais contemporâneos externam um sentimento de necessidade de libertação política, sendo majoritariamente compostos por jovens e potencializados pela divulgação das manifestações nas redes sociais, que tomou proporções inesperadas.

Essa insatisfação coletiva, gerada por vários motivos, demonstra que as manifestações não têm uma estratégia definida, nem apresentam propostas de mudança.

Outra característica marcante desses protestos é a linha anarquista, que converge com um suposto declínio do capitalismo, com riquezas concentradas em nichos menores, enquanto a maioria da população carece de recursos básicos.

O descrédito perante as instituições políticas cria um clima de rebeldia, traduzido em manifestações e conflitos, principalmente contra as forças de segurança, que têm o dever constitucional de preservar a lei e a ordem.

Harvey et al. (2015) aborda a questão da violência nos conflitos esclarecendo que, apesar de alguns integrantes serem violentos porque querem mudanças, não se compara ao que o sistema de capitalismo global faz para manter-se. Semelhante afirmação, naturalmente, não justifica os conflitos violentos, mas permite entender melhor o atual cenário.

## Para saber mais

Para compreender mais profundamente esse novo formato dos movimentos sociais e suas manifestações, você pode consultar as seguintes obras:

HARVEY, D. et al. **Occupy**: movimentos de protesto que tomaram as ruas. São Paulo: Boitempo; Carta Maior, 2012. (Coleção Tinta Vermelha).

HARVEY, D. et al. **Cidades rebeldes**: passe livre e as manifestações que tomaram as ruas do Brasil. São Paulo: Boitempo; Carta Maior, 2013. (Coleção Tinta Vermelha).

## 4.2 Intervenções estratégicas em movimentos sociais

Em face da mudança de cenário sobre a qual versamos nas seções anteriores, as instituições de segurança pública tiveram de se adaptar – e, nessa esteira, as intervenções estratégicas em movimentos sociais emergiram como a alternativa mais viável. Tais intervenções consistem nas ações e operações que empregam técnicas e táticas policiais perante manifestações populares, tumultos e distúrbios civis, tendo como objetivo a promoção e a defesa dos direitos fundamentais, previstos na Constituição Federal, nas demais normas do ordenamento jurídico pátrio, bem como nas convenções internacionais de que o Brasil é signatário.

Tais intervenções devem adotar condutas proativas voltadas à resolução pacífica de conflitos, à prevenção da violência, à preservação da ordem e à garantia do cumprimento da lei.

As ações praticadas em uma intervenção estratégica têm como referência as orientações usadas na mediação de conflitos na área da segurança pública, envolvendo desde as soluções dialogadas, porém, com a aplicação de grandes efetivos em operações policiais, diante de movimentos multitudinários.

Para exemplificar, podemos citar cumprimentos de mandados judiciais, confrontos de torcidas organizadas ou gangues e manifestações populares, capazes de desencadear obstruções de vias, invasões de propriedades, tumultos e distúrbios civis.

## 4.3 Mapa estratégico para intervenções policiais

As intervenções estratégicas são um tema recente nas instituições de segurança pública, o que nos permite apresentar um novo modelo a ser aplicado na área, calcado nas experiências construtivas e nas estruturas dos órgãos de segurança pública.

Com base em todas as fontes de informação (oficiais: agências de inteligência, demais órgãos públicos interessados na solução do conflito e órgãos de imprensa; e não oficiais: partes envolvidas, seus representantes legais ou suas lideranças reconhecidas), o interventor deve analisar sua confiabilidade e estabelecer um mapa situacional, que contemple quem realmente tem interesse na disputa, o nível de comprometimento dessas pessoas com sua causa e empenho em resolver de forma pacífica, as dificuldades ou barreiras a serem enfrentadas e as expectativas de cada um em relação ao manejo.

Para se obter tais informações, nos casos de intervenção estratégica com movimentos sociais, é recomendável, ao interventor ou à equipe de intervenção, visitar e entrevistar previamente as pessoas e instituições em questão. Tais procedimentos são essenciais, mas de nada adiantam se o operador ou a equipe não prestar atenção aos detalhes e tentar se colocar no lugar das partes no momento da audição. Essa postura é muito bem acolhida pelas partes, pois demonstra interesse no assunto que as angustia. Uma forma de adotar essa conduta é anotar as informações recebidas, pois, além de servirem de guia nas reuniões seguintes, são essenciais para a elaboração do mapa estratégico.

Durante as conversas, além de anotar os pontos mais importantes, é substancial prestar atenção à postura dos envolvidos, levando em conta tanto o que é evidente quanto o que está subentendido, nas entrelinhas. Muitas vezes, pode haver interesses ocultos e, talvez, somente seja possível interpretá-los ou descobri-los por meio da observação da linguagem corporal (Weil; Tompakow, 1986, p. 34).

O mapa é tão importante que permite definir até mesmo a sequência das ações a serem realizadas. Nas intervenções estratégicas, **é essencial que o operador deixe a outra parte falar primeiro** – nesses casos, o profissional de segurança pública pode representar uma das partes (interesse público) – e é fundamental que ele avalie se a situação apresenta condições de segurança para aproximação e início do diálogo.

No início das falas, é possível **definir as lideranças ou seus representantes**. Atualmente, existem novos modelos de movimentos sociais, que nem sempre têm uma liderança bem definida ou, ao menos, visível. Nesses casos, o interventor deve tentar, em parceria com a outra parte, criar uma comissão que represente o grupo. Para exemplificar, nas manifestações de 2013 no Brasil, houve um momento em que algumas representações políticas tentaram compor e até mesmo representar o movimento social – e acabaram expulsas, até com violência em alguns casos.

Em seguida, o interventor deve **identificar os pontos mais relevantes e a ordem conveniente para tratá-los**. A conveniência e a sensibilidade são características importantes nessa etapa, pois fazer a pergunta errada ou agir em momento inoportuno pode agravar o conflito.

Conforme tratado nos capítulos dedicados à mediação, **em alguns conflitos, o profissional responsável pelo manejo pode precisar de auxílio de outro interventor ou especialista na área conflitante**. Se essa pessoa não for o operador de segurança pública especializado, ela pode atuar como consultor, não devendo assumir a intervenção, já que esta requer competência legal.

O passo seguinte é verificar o método estratégico mais adequado ao conflito em tela – todo planejamento é dinâmico e deve ser revisto sempre que necessário. Metas plausíveis em conformidade com os aspectos legal, ético e moral devem ser definidas de tal forma que as partes consigam se colocar uma no lugar da outra.

Com objetividade, o interventor deve fazer a exposição do que é relevante à solução do conflito, salientando os avanços obtidos desde o início do diálogo. Por fim, quando todos os esforços são desconsiderados pelas partes, cabe ao interventor expor as implicações legais caso o conflito não seja sanado pacificamente.

Quando o acordo é exitoso, é essencial registrar o que foi pactuado, com cópia do documento entregue a todas as partes envolvidas. Em se tratando de movimentos sociais, os documentos redigidos têm de ser remetidos às autoridades competentes e uma sinopse deve ser entregue aos órgãos de imprensa.

## 4.4 Práticas a serem adotadas em manifestações populares

Nas reuniões pacíficas, as instituições de segurança pública devem atuar preventivamente, garantindo direitos invioláveis – à vida, à liberdade e à segurança –, mas têm de estar preparadas para reagir de maneira técnica a qualquer eventual ato de perturbação da ordem.

Para haver êxito nas ações e operações, é essencial a antecipação dos órgãos de segurança pública, sobretudo no que concerne à coleta de informações – horários previstos, local (tanto da concentração quanto do deslocamento da manifestação), itinerário, previsão de público e aspectos e contexto político-social. Todas essas informações incidem no planejamento e na aplicação dos recursos disponíveis para o evento.

No local, durante a manifestação, os operadores responsáveis pelo manejo devem realizar os contatos necessários com os organizadores ou lideranças do ato. Esse procedimento representa a continuidade do processo de intervenção iniciado com as reuniões conjuntas que antecedem o evento e definem todos os detalhes relevantes para que ele transcorra da forma mais tranquila possível.

A racionalização do emprego dos recursos públicos é substancial, pois os meios devem ser usados de acordo com critérios técnicos, conforme a necessidade e de maneira proporcional ao fim a que se destina, com vistas à eficiência necessária. O objetivo das intervenções estratégicas é garantir que as manifestações ocorram pacificamente, mas, caso evoluam para um cenário de violência, as instituições de segurança pública têm de estar preparadas para oferecer a resposta adequada e de maneira pontual – aspecto, aliás, muito debatido nas manifestações dos últimos anos no país.

Para exemplificar, citamos a seguinte situação: em uma manifestação (tecnicamente, pacífica) de centenas ou milhares de pessoas, um pequeno grupo resolve promover desordem. Nesse caso hipotético, os agentes das instituições de segurança pública devem buscar a **individualização das condutas**, identificando quem está cometendo os delitos e em que tipo penal se enquadram, assim como aplicar o uso diferenciado da força para conter essas condutas, conforme preconizam a legislação brasileira e a Portaia Interministerial n. 4.226, de 31 de dezembro de 2010 (Brasil, 2011 – Veja a seção "Uso diferenciado da força legal", no Capítulo 2). Caso a reunião em questão permaneça pacífica, cabe às instituições de segurança garantir os direitos constitucionais à reunião (Constituição Federal – CF – art. 5º, XVI), à liberdade de manifestação de pensamento (CF, art. 5º, IV), em alguns casos à greve (CF, art. 9º) e assim por diante.

### 4.4.1 Exercício de direitos em manifestações públicas

Quanto ao direito de reunião (CF, art. 5º, XVI), o texto constitucional elenca os seguintes pontos:

» **Pluralidade de participantes**: A reunião é considerada uma ação coletiva.

» **Fim pacífico e sem armas**: Toda reunião pressupõe uma organização do encontro, com determinado propósito, lícito e pacífico, sendo que a referência às armas deve ter interpretação ampla, ou seja, estão abrangidas armas de qualquer tipo, mesmo improvisadas.

» **Duração**: Todo evento tem um horário definido ou estimado de início e término, dado seu caráter temporário e episódico.

» **Local de realização**: A reunião deve ocorrer em local delimitado com antecedência e com propósito definido.

Ainda estão previstas a **ocorrência de manifestações em locais abertos ao público independentemente de prévia autorização** – desde que não frustre outro evento anteriormente programado no mesmo local – e a **exigência de aviso prévio às autoridades competentes**. É nesse ponto que, muitas vezes, surge o conflito, pois grupos radicais preferem não informar as autoridades sobre o evento por vários motivos e acabam causando transtornos à população em geral, com bloqueios de vias e obrigando as autoridades a redirecionar esforços para garantir a segurança do grupo em detrimento dos demais.

Nem todas as manifestações despertam a simpatia da maioria da população, porém, cabe às instituições de segurança pública garantir sua realização, com o mínimo de interferência na rotina da população em geral. Tal afirmação tem base legal, pois a Constituição Federal, em seu art. 5º, inciso XV, prevê a liberdade de locomoção a qualquer pessoa, em todo o território nacional, em tempo de paz.

A Declaração Universal de Direitos Humanos[*], por seu turno, em seu art. 29, estabelece que todas as pessoas no exercício de seus direitos e liberdades estão sujeitas às limitações previstas em lei, com o intuito de assegurar o respeito aos direitos e às liberdades

---

[*] A Declaração Universal de Direitos Humanos foi elaborada por representantes de todas as regiões do mundo. Foi proclamada pela Assembleia Geral das Nações Unidas, em Paris, a 10 de dezembro de 1948, para estabelecer a proteção dos direitos humanos de todos os povos e nações.

dos demais, bem como as exigências morais, da ordem pública e do bem-estar das sociedades democráticas (ONU, 1948).

Pode-se, portanto, afirmar que a liberdade de reunião não é um direito absoluto, assim como os demais – os considerados "fundamentais", têm limitações explícitas e implícitas no texto constitucional. Para exemplificar, a chamada *Marcha da Maconha* – cujos participantes manifestam-se em prol da legalização do referido entorpecente, com a regulamentação do comércio e do uso – apesar de ser legal, deve ser acompanhada pelas autoridades, não se tratando de um momento para tráfico, porte ou uso de drogas.

Outros casos de conflito de direitos poderiam ser citados – o Código de Trânsito Brasileiro (CTB), por exemplo, prevê que nenhum evento pode perturbar ou interromper a livre circulação de veículos ou pedestres, tampouco colocar em risco sua segurança (CTB, art. 95 – Brasil, 1997b), apesar de o direito de reunião ser fundamental.

Nesse caso, tal direito fundamental deve ser relativizado, conciliando-se ambos os preceitos: o operador que estiver realizando a intervenção deve buscar não interromper a manifestação e, ao mesmo tempo, permitir a circulação de veículos e pedestres que não participam do ato (exemplo: uma pista pode ser disponibilizada à manifestação, enquanto as demais são liberadas à livre circulação de veículos).

Segundo Moraes (2007, p. 27), a estratégia seria a aplicação do "princípio da concordância prática ou da harmonização: exige-se a coordenação e combinação dos bens jurídicos em conflito de forma a evitar o sacrifício total de uns em relação aos outros".

Durante o exercício de direitos nas manifestações públicas, os operadores devem evitar atritos e o atendimento dos direitos de um lado em detrimento de outro; a estratégia é buscar a harmonização dos direitos – muitas vezes, com ambos os lados cedendo e sendo flexíveis – por meio do manejo.

## 4.4.2 Planejamento de operações em grandes manifestações

O planejamento adequado tem o potencial de garantir um maior nível de segurança para o público e para os operadores envolvidos. Esse planejamento não deve ser visto como um conjunto de normas ou condições impostas, mas como uma padronização interna, que pode resultar em uma cultura de segurança e, no caso das intervenções estratégicas com movimentos sociais, diálogo e tentativa de entendimento.

Para tanto, é importante que os interventores demonstrem uma postura proativa e positiva, com o intuito de minimizar as ações reativas e realizar um policiamento de proximidade com a população, participante ou não.

Ao se realizar o planejamento, as autoridades responsáveis devem levar em conta as informações coletadas pelos serviços de inteligência e comunicação social, principalmente no que concerne aos aspectos que listamos no Quadro 4.1.

Quadro 4.1 – *Informações relevantes para o planejamento*

| |
|---|
| Relevância social da manifestação. |
| Ânimo de seus participantes. |
| Aceitabilidade da população local. |
| Perfil e quantidade de manifestantes. |
| Horário do evento (horários de pico causam mais transtornos à população e potencializam animosidades). |
| Cobertura da mídia. |
| Participação de autoridades ou figuras de relevância social. |
| Ocorrência de atividades especiais que sirvam de atrativo. |
| Histórico de eventos anteriores e possibilidade de participação de grupos radicais. |

Devem ser realizadas reuniões preparatórias, inclusive com a participação de organizadores da manifestação, profissionais de imprensa, representantes do Ministério Público e de outros órgãos que, de alguma forma, contribuam para sua realização. Nessas reuniões, além discutir os detalhes para a realização do ato, os organizadores, quando for o caso, devem se comprometer a providenciar os documentos básicos para tanto. Esses encontros também são o momento oportuno para os organizadores ou lideranças conhecerem os operadores responsáveis pela segurança e estabelecerem os contatos necessários. Caso o ajustamento de condutas seja descumprido em algum termo, o interventor deve avaliar se é conveniente tomar atitudes reativas.

A maioria dos manifestantes comporta-se de acordo com as convenções sociais. Cabe aos operadores de segurança pública protegê-los, ao controlar e conter com o mínimo de interferência possível a minoria que provoca os conflitos.

Após o evento, os relatórios de operação são essenciais para futuros planejamentos, pois permitem detectar falhas e equívocos, bem como possíveis ajustes para o aprimoramento desse tipo de acontecimento.

## 4.4.3 Regras de engajamento

As regras de engajamento compõem as ações a serem adotadas pelas forças de segurança, com o intuito de acompanhar as reuniões e avaliar sua legalidade e o ânimo das pessoas que integram o ato – e, se necessário, intervir quando identificar a prática de delitos e violência.

As regras devem seguir uma sequência lógica, de acordo com a evolução dos acontecimentos, conforme expomos no Quadro 4.2.

*Quadro 4.2 – Regras de engajamento*

| |
|---|
| Conferência de documentação que comprove o aviso prévio aos órgãos responsáveis pela segurança pública. |
| Qualificação dos responsáveis pelo ato, inclusive com a confecção de relatório circunstanciado e boletim de orrência (medida extremamente útil nos casos de imputação de responsabilidades por delitos). |
| Conferência de documentação do carro de som e de seu motorista, assim como de alvará, se for o caso. |
| Confirmação do itinerário programado para o deslocamento dos integrantes. |
| Sinalização e balizamento do trânsito durante os deslocamentos e atos públicos. |
| Previsão de vias de acesso rápido, liberadas para hospitais em casos de emergência e vias de fuga em casos de dispersão de tumultos. |
| Cálculo do número de manifestantes e identificação do perfil do público. |
| Guarnição de pontos sensíveis e locais que concentra objetos potencialmente lesivos com operadores, a fim de evitar depredações, saques e invasões. |
| Solicitação dos apoios necessários, como pronto-socorro e bombeiros para casos de incêndio, vigilância sanitária em situações de venda de gêneros alimentícios e condições das instalações, órgãos de meio ambiente para avaliar o limite de decibéis permitido de acordo com o código de posturas do município, entre outros. |

Caso a manifestação se transforme em tumulto ou distúrbio civil, cabe às instituições de segurança pública aplicar efetivo especializado (tropa de choque) de forma estratégica e com o uso diferenciado da força, conforme prescrevem a doutrina específica das instituições e a competência legal. Diante desse cenário, os operadores encarregados do acompanhamento e da prevenção devem se posicionar de maneira coordenada para ocupar as áreas após a dispersão dos causadores do tumulto e realizar os encaminhamentos necessários: socorro a feridos e detenção de infratores da lei (Dorecki; Brito, 2015).

## 4.5 Atuação em situações de greve

A atuação dos operadores de segurança pública com os sindicatos e movimentos grevistas pode ser para a intermediação ou a intervenção estratégica. Salientamos que o exercício do direito de greve é constitucional e os profissionais da segurança pública devem envidar esforços para evitar que se torne um problema de segurança pública.

Entre as medidas proativas, as instituições de segurança pública devem: adotar todas as medidas necessárias para evitar que trabalhadores grevistas e não grevistas entrem em confronto; garantir o exercício do direito de greve e a integridade física de operários e dirigentes; e proteger o patrimônio social da empresa.

Nessas paralisações, normalmente, o operador inicia com a intervenção e parte para a mediação, mas existem casos em que uma ou ambas as partes estão irredutíveis, cabendo ao profissional realizar o manejo com total imparcialidade, com vistas à resolução pacífica ou, ao menos, à harmonia entre o exercício dos direitos das partes.

O direito de greve está previsto no art. 9º da Constituição Federal; e o art. 37, nos incisos VI e VII, estabelece o exercício de tal direito aos servidores públicos civis, de acordo com os termos e limites definidos em lei específica (Lei n. 7.783, de 28 de junho de 1989 – Brasil, 1989).

Em relação às demais manifestações sociais, a greve tem algumas características específicas, como a participação de representantes do sindicato, da central sindical ou da comissão de negociação constituída de trabalhadores e, no caso de atividades ou serviços considerados essenciais, a necessidade de manter em atividade equipes de empregados com o propósito de assegurar a continuidade da prestação do serviço público (CNASP, 2011).

Quando as entidades sindicais ou os trabalhadores desconsiderarem as normas contidas na Lei n. 7.783/1989, em especial a continuidade regular da prestação do serviço público e do retorno às atividades após a formalização de acordo, convenção ou decisão da Justiça do Trabalho, será considerado abuso do direito de greve (Brasil, 1989).

Geralmente, os grevistas reivindicam reajuste salarial e melhores condições de trabalho, e iniciam o movimento pouco antes da data-base (período do ano em que patrões e empregados se reúnem para pactuar os termos de seus contratos de trabalho).

Quando os acordos não são firmados entre as partes, ocorre a discussão, via Justiça do Trabalho – todavia, como a solução nem sempre é rápida, os trabalhadores buscam alternativas para pressionar os empregadores e o próprio Poder Judiciário. Para tal empreendimento, costumam realizar paralisações, reunir-se em frente às empresas, e os mais exaltados tentam impedir o acesso dos trabalhadores que não aderem ao movimento e, por vezes, chegam a depredar o patrimônio da empresa.

A greve tende a não ser a primeira atitude dos trabalhadores para fazer reivindicações; normalmente, é precedida por reuniões e assembleias gerais para elaboração de pauta, aprovação da categoria e apresentação à autoridade competente, no caso dos serviços essenciais. Assim, demonstra-se, ao menos, a intenção de negociar – e, nessas oportunidades, o interventor deve estar presente a fim de antecipar possíveis soluções.

# Para saber mais

Sobre o exercício do direito de greve, sugerimos as seguintes leituras:
BRASIL. Lei n. 7.783, de 28 de junho de 1989. **Diário Oficial da União**, Poder Legislativo, Brasília, 29 jun. 1989. Disponível em: <http://www.planalto.gov.br/ccivil_03/leis/l7783.htm>. Acesso em: 20 dez. 2016.

CNASP – Coletivo Nacional de Advogados de Servidores Públicos. **Cartilha Greve no serviço público**: base legal, precedentes judiciais, orientações ao sindicato e grevistas. 2011. Disponível em: <http://mediaenterprise.dohmsweb.com.br/mediafiles.sindtest.org.br/documentos/64_475.pdf>. Acesso em: 20 dez. 2016.

## 4.6 Especificidades de atuação em conflitos por terra ou moradia

Para iniciarmos a explanação sobre essa temática, é importante contextualizar alguns aspectos históricos relacionados à questão da terra no Brasil.

Conforme Sousa (2016), em 1534, o então rei de Portugal, Dom João III, em face das ameaças de invasão de corsários estrangeiros, dividiu a nova colônia em 15 faixas de terra: era o sistema de Capitanias Hereditárias, que transferiu a responsabilidade da ocupação e da colonização do território brasileiro para terceiros. Essas pessoas, da confiança do rei, faziam parte da corte portuguesa e recebiam o título de capitão donatário.

Sousa (2016) assinala que aquele que recebia o título de "capitão donatário não poderia realizar a venda das terras oferecidas, mas tinha o direito de transferir aos seus descendentes". Era de sua competência "fundar vilas, doar sesmarias (lotes de terra não cultivados), exercer funções judiciárias e militares, cobrar tributos e realizar a escravização de um número fixo de indígenas" (Sousa, 2016). Parte dos lucros lhe pertencia, desde que mantivesse os direitos de arrecadação da Corte.

Com o passar do tempo, o sistema de capitanias não prosperou, em razão da "falta de apoio econômico do governo, a inexperiência de alguns donatários, as dificuldades de comunicação e locomoção, e a hostilidade dos indígenas" (Sousa, 2016). Como resultado, vários donatários abriram mão de suas terras.

Em 1850, ainda não havia regulamentação sobre a posse de terras no Brasil e o país passava por modificações sociais e econômicas. Pressionado para organizar a propriedade privada em território nacional, o governo apresentou a Lei de Terras (Lei n. 601, de 18 de setembro de 1850 – Brasil, 1850). Naquele ano, também foi aprovada a Lei Eusébio de Queirós (Lei n. 581, de 4 de setembro de 1850 – Brasil, 1850a), que proibia, com mais impacto, o tráfico de africanos para o país, dando sinais da Abolição da Escravatura, concretizada com a Lei Áurea (Lei n. 3.353, de 13 de maio de 1888 – Brasil, 1888).

Essas leis fomentaram a vinda de trabalhadores imigrantes e a transição da mão de obra escrava para a assalariada. De acordo com Duarte (2016), a Lei de Terras determinou que as terras somente poderiam ser adquiridas "por compra e venda ou por doação do Estado. Não seria mais permitido obter terras por meio de posse, a chamada usucapião. Aqueles que já ocupavam algum lote receberam o título de proprietário. A única exigência era residir e produzir nesta localidade". Dessa forma, a lei manteve a má estrutura fundiária do país e a posse das grandes propriedades (oligarquias) nas mãos dos antigos fazendeiros e de seus herdeiros.

Assim, desde o início da República, as relações entre camponeses e proprietários de terras foram de constante instabilidade e precariedade pela posse. Do final do século XIX até a metade do século XX, predominaram os movimentos messiânicos (no Sul do país, o Contestado) e o cangaço (no Nordeste, Canudos), barbaramente reprimidos pelo governo, que enviou o Exército para combatê-los.

A partir da década de 1950, surgiram os movimentos sociais de camponeses (Ligas dos Camponeses) e de trabalhadores rurais (sindicatos rurais), que, ao assumirem uma feição mais política, receberam como resposta a intervenção do Exército. Nos anos 1960, o crescimento da luta pela reforma agrária foi um dos motivos para o Golpe Militar de 1964.

Em 30 de novembro de 1964, o governo militar sancionou o Estatuto da Terra (Lei n. 4.504, de 30 de novembro de 1964 – Brasil, 1964), adotado para conter os movimentos campesinos e orientar as ações do governo, no tocante ao fomento agrícola e à reforma agrária. Apesar de ser uma lei avançada para seu tempo, seu conteúdo é pouco difundido e praticado pelos governantes.

Nesse contexto, os movimentos de trabalhadores rurais, cujo foco inicial era o latifúndio improdutivo, passaram a atacar os latifúndios produtivos. Em muitas ocorrências foram registrados roubos e vendas de produtos estocados e de animais das propriedades, depredação de patrimônios e, até mesmo, incêndios e confrontos armados com proprietários e empregados.

Posteriormente, os movimentos deixaram a área rural, mas permaneceram nas pequenas cidades do interior do país, o que facilitou novas invasões de propriedade. Atualmente, os integrantes dos movimentos atuam nas grandes capitais, mas mantêm as práticas de invasões no meio rural.

O crescimento desordenado da população e os problemas de infraestrutura e desenvolvimento econômico do país aumentaram as desigualdades sociais, e a distribuição de terras tornou-se uma bandeira defendida por muitos, com o apoio de grupos políticos e religiosos. Assim, esses movimentos sociais estão cada vez mais fortalecidos e organizados. Os conflitos com o ordenamento jurídico intensificaram-se e, quando o Estado se omite diante de tal problema, o quadro se agrava e é explorado pela mídia.

A Constituição Federal de 1988 garante, em seu art. 5º, inciso XXII, o direito de propriedade, esclarecendo, no inciso XXIII, que deve cumprir sua função social especificada em seu art. 186:

> Art. 186. A função social é cumprida quando a propriedade rural atende, simultaneamente, segundo critérios e graus de exigência estabelecidos em lei, aos seguintes requisitos:
> I – aproveitamento racional e adequado;
> II – utilização adequada dos recursos naturais disponíveis e a preservação do meio ambiente;
> III – observância das disposições que regulam as relações de trabalho;
> IV – exploração que favoreça o bem-estar dos proprietários e trabalhadores. (BRASIL, 1988)

Tais aspectos evidenciam que o conflito por terras está entrelaçado com a história do país. Em meio a esse contexto, que se arrasta por séculos, as instituições de segurança pública têm a missão de realizar os manejos, em parceria com outros órgãos interessados, em busca de uma solução pacífica.

As instituições devem realizar a intervenção estratégica durante situações flagrantes de invasão, em confrontos entre proprietários de terras e invasores ou em apoio aos oficiais de Justiça no cumprimento de mandados judiciais.

O governo federal, em 11 de abril de 2008, divulgou o Manual de Diretrizes Nacionais para Execução de Mandados Judiciais de Manutenção e Reintegração de Posse Coletiva, com o intuito de reduzir a violência no campo e estabelecer os procedimentos necessários para o cumprimento da lei, assegurando os direitos humanos e sociais de todas as partes envolvidas, durante o transcorrer desse tipo de operação (Brasil, 2008).

As diretrizes contemplam as atribuições de cada órgão envolvido, o regramento jurídico relacionado e o detalhamento de cada uma das fases de planejamento e execução da operação. O cumprimento dos mandados é realizado pelo oficial de Justiça, e as instituições de segurança têm a função de garantir a segurança necessária para sua realização, empregando as técnicas de mediação e intervenção estratégica. Caso o diálogo seja infrutífero após exaustivo processo de manejo ou caso a situação necessite de medidas reativas, cabe aos operadores, mediante ordem do responsável pela operação, usar a força de maneira diferenciada, conforme explanado na seção "Uso diferenciado da força", do Capítulo 2.

## Para saber mais

Há informações mais detalhadas sobre as capitanias hereditárias, a Lei das Terras e o Estatuto da Terra em:

BRASIL. Lei n. 4.504, de 30 de novembro de 1964. **Diário Oficial da União**, Poder Legislativo, Brasília, 30 nov. 1964. Disponível em: <http://www.planalto.gov.br/ccivil_03/Leis/L4504.htm>. Acesso em: 20 dez. 2016.

SOUSA, R. G. Capitanias hereditárias. **Brasil Escola**. Disponível em: <http://brasilescola.uol.com.br/historiab/capitanias-hereditarias.htm>. Acesso em: 20 dez. 2016.

DUARTE, L. Lei de Terras. **InfoEscola**. Disponível em: <http://www.infoescola.com/historia/lei-de-terras/>. Acesso em: 20 dez. 2016.

### 4.6.1 Movimentos de luta por moradia

Os movimentos de luta por moradia surgiram na década de 1980, após grandes ocupações de áreas e conjuntos habitacionais nos centros urbanos (muitas vezes, em fase final de construção), com o intuito de acabar com o déficit habitacional por meio da reforma urbana.

Apoiados por outros movimentos sociais, estimulam sem-teto, mutuários da habitação, inquilinos e ocupantes irregulares de imóveis à luta pelo direito fundamental à moradia e, consequentemente, a outros direitos sociais, como "a educação, a saúde, o trabalho, o lazer, a segurança, a assistência aos desamparados" (CF, art. 6º), por meio da reforma urbana e com base no princípio da cidade sustentável* (Brasil, 2001).

Ocupar o espaço urbano, portanto, é um meio usado por esses movimentos para alcançar visibilidade perante o governo e a sociedade no que se refere à reforma urbana, em nível equivalente à reforma agrária.

Essa modalidade de movimento social é uma variação dos movimentos de luta por terra – e, assim, as tratativas das instituições de segurança pública e de seus operadores são basicamente as mesmas durante a intervenção estratégica, com as devidas adequações.

## Para saber mais

Quanto ao Estatuto da Cidade, legislação que trata da reforma urbana e do princípio da cidade sustentável (a ser comentado na seção 4.6.2.), busque outras informações em:
BRASIL. Lei n. 10.257, de 10 de julho de 2001. **Diário Oficial da União**, Poder Legislativo, Brasília, DF, 11 jul. 2001. Disponível em: <http://www.planalto.gov.br/ccivil_03/leis/LEIS_2001/L10257.htm>. Acesso em: 20 dez. 2016.

### 4.6.2 Gerenciamento de conflitos

Ao se deparar com situações que envolvem movimentos de luta por moradia ou reforma agrária – invasões ou ocupações de prédios

---

\* A Lei n. 10.257, de 10 de julho de 2001, conhecida como *Estatuto da Cidade*, regulamenta os arts. 182 e 183 da Constituição Federal, e estabelece as diretrizes gerais da política urbana.

públicos ou propriedades, bloqueios e interdição de vias públicas ou cumprimento de mandados de reintegração de posse –, o mediador ou interventor deve, inicialmente, coletar o máximo de informações possível. Isso é útil tanto no manejo quanto para futuros planejamentos de operações desencadeadas em face do conflito. Tais informações compreendem: quantidade, composição e perfil das pessoas envolvidas; motivação dos membros dos grupos participantes; possíveis causas ou causadores (lideranças e movimentos sociais); peculiaridades do local e de proximidades (outras invasões ou assentamentos na região e vias de acesso, por exemplo); e presença de armas ou artefatos que podem colocar em risco a integridade das pessoas.

É importante destacarmos que as técnicas proativas de mediação e intervenção estratégica, como estabilizar o conflito e priorizar o diálogo (desde que a situação não coloque em risco a vida dos envolvidos), devem ser os instrumentos para a resolução do conflito. Da mesma forma, as ações reativas devem ser cuidadosamente analisadas, pois, ainda que os operadores sigam a doutrina de uso diferenciado da força, o risco de confronto ou pânico, com consequências indesejadas, é alto, sobretudo em virtude da possibilidade de haver pessoas mal-intencionadas infiltradas no grupo.

A fim de aperfeiçoar o manejo nas intervenções estratégicas e estabelecer um vínculo de confiança, algumas instituições de segurança pública criaram comissões específicas para intermediar as conversas com tais movimentos sociais e os órgãos envolvidos. Assim, foi possível estabelecer um sistema de gerenciamento de conflitos, contendo as ações a serem realizadas durante o processo de resolução.

## 4.7 Formas de interação com torcidas organizadas

As torcidas organizadas foram formadas inicialmente para incentivar seus times de maneira diferenciada, com uniformes para identificação e instrumentos musicais para animação com canções e frases motivacionais. Com o tempo, seus representantes passaram a interferir das decisões do clube e, como objetivo maior, obter vantagem econômica com a venda de artigos relacionados ao time e à marca da torcida. Infelizmente, alguns membros desses grupos vislumbraram a possibilidade de cometer delitos e ficar no anonimato; hoje, existe uma subcultura de violência, calcada nas ideias do hooliganismo e na crença de que "torcida que não briga não cresce".

Assim sendo, as instituições de segurança pública que atuam em eventos esportivos precisaram estudar e entender o fenômeno, com o intuito de direcionar seus esforços tanto para ações proativas quanto para intervenções estratégicas mais incisivas com as torcidas.

Atualmente, as torcidas organizadas se associam a torcidas aliadas em outros estados e, para colocá-las em situação de igualdade numérica com o rival naquela localidade e fazer frente em caso de confronto, são recepcionadas pelos aliados. Com esse procedimento, os casos de confronto entre torcidas têm aumentado consideravelmente, assim como a agressividade entre elas, pois, ao se unirem à torcida local, podem receber drogas e armas. Isso não seria possível sem a aliança, visto que os membros das torcidas são submetidos a busca pessoal e revista em seus veículos pelos operadores de segurança pública durante os deslocamentos.

Esses grupos apresentam linguagem própria, com *slogans*, gestos e posturas de intimidação a adversários ou forças de segurança. Para agravar a situação, surgiram as dissidências – torcidas oriundas da cisão com outra torcida do mesmo time. O problema é que, em muitos casos, a separação decorreu de algum tipo de incompatibilidade ou briga interna, o que agrava os ressentimentos.

Com estrutura hierarquizada e funções bem definidas, as torcidas são administradas por um pequeno grupo, enquanto o restante dos membros nem sequer tem noção de como isso funciona. Seu líder, intitulado *presidente*, geralmente é eleito por um conselho ou por proclamação, em face do poder de persuasão e articulação com outros clubes, órgãos e autoridades.

O advento do Estatuto do Torcedor* forçou as torcidas a se organizar, permitindo às instituições de segurança pública responsabilizá-las quando caracterizada a participação do grupo em brigas e outros conflitos. Da mesma forma, elas devem manter atualizado o cadastro de seus associados ou membros, a fim de facilitar a identificação de envolvidos em qualquer delito.

Ao se tratar de eventos esportivos, toda e qualquer falha no planejamento ou incidente em sua operacionalização está diretamente relacionada à falta de previsão. No Quadro 4.3, apresentamos os aspectos que devem ser atendidos pela estratégia a ser empregada.

*Quadro 4.3 – Estratégias de interação com torcidas organizadas*

| |
|---|
| Conhecer as torcidas organizadas, suas lideranças e criminosos infiltrados, sua maneira de agir (*modus operandi*), seu ânimo e suas vulnerabilidades. |
| Realizar reuniões com as lideranças e o Ministério Público para definir os procedimentos de segurança e registrar o termo de ajuste de condutas (inclusive com as penalidades em caso de descumprimento). |
| Identificação, cadastramento e monitoramento dos infratores contumazes. |
| Cadastramento e aproximação prévia com as torcidas visitantes. |

---

\* A Lei n. 12.299, de 27 de julho de 2010 (Estatuto do Torcedor – Brasil, 2010), dispõe sobre medidas de prevenção e repressão aos fenômenos de violência por ocasião de competições esportivas.

As medidas apresentadas tencionam reduzir os casos de confronto entre torcidas e com os órgãos de segurança pública, evitar o desgaste institucional nos casos de confronto com as forças de segurança e o aprimoramento da gestão de recursos, de acordo com as demandas.

## Para saber mais

O Estatuto do Torcedor, que aborda as "medidas de prevenção e repressão aos fenômenos de violência por ocasião de competições esportivas", consta no seguinte *link*:
BRASIL. Lei n. 12.299 de 27 de julho de 2010. **Diário Oficial da União**, Poder Legislativo, Brasília, DF, 28 jul. 2010. Disponível em: <http://www.planalto.gov.br/ccivil_03/_Ato2007-2010/2010/Lei/L12299.htm>. Acesso em: 20 dez. 2016.

## 4.8 Assessoramento do serviço de inteligência ao operacional

Conforme expresso no art. 1º, parágrafo 4º, inciso III da Resolução n. 1, de 15 de julho de 2009 (Brasil, 2009), a Secretaria Nacional de Segurança Pública define que o serviço de inteligência de segurança pública é a

> *atividade permanente e sistemática via ações especializadas que visa identificar, acompanhar e avaliar ameaças reais ou potenciais sobre a segurança pública e produzir conhecimentos e informações que subsidiem planejamento e execução de políticas de Segurança Pública, bem como ações para prevenir, neutralizar e reprimir atos criminosos de qualquer natureza, de forma integrada e em subsídio à investigação e à produção de conhecimentos.*

No caso das manifestações capazes de desencadear tumultos ou distúrbios civis, o serviço de inteligência pode angariar colaboradores para: fornecer informações relevantes; acompanhar discretamente e a certa distância a massa para alertar os operadores que trabalham ostensivamente sobre ações delituosas; registrar e historiar a atuação dos grupos; criar vínculos construtivos com as representações envolvidas; e compreender seus objetivos, sua estrutura, seu ânimo e suas formas de atuação.

As novas tecnologias à disposição do público em geral geraram alguns problemas, como a falsa propaganda manipulada por pessoas que não pertencem às mídias profissionais. Trata-se de um "desserviço de desinformação", pois, além de divulgarem informações tendenciosas que atrapalham o serviço dos órgãos de segurança pública, tentam colocar a opinião pública contra tais órgãos e articular ações violentas.

Diante de tal cenário, cabe aos órgãos de inteligência cumprir seu papel e assessorar os órgãos de planejamento e execução operacional com o máximo de informações, orientando-os para que o evento transcorra normalmente e as pessoas mal-intencionadas sejam isoladas (Brasil, 2009, art. 1º, §4º, inc. V).

## Para saber mais

A Resolução n. 1/2009, da Secretaria Nacional de Segurança Pública (Senasp), que regulamenta o Subsistema de Inteligência de Segurança Pública (Sisp), publicada no Diário Oficial da União n. 155/2009, encontra-se disponível no seguinte endereço:
BRASIL. Secretaria Nacional de Segurança Pública. Resolução n. 1,
 de 15 de julho de 2009. **Diário Oficial da União**, Brasília, DF, 14
 ago. 2009. Disponível em: <http://sintse.tse.jus.br/documentos/2009/
 Ago/14/000077395>. Acesso em: 20 dez. 2016.

## 4.9 Relacionamento com mídia oficial e não oficial

O relacionamento com a mídia pressupõe um entendimento sobre o atual cenário da comunicação, pois a globalização e a disseminação de novas tecnologias, com a predominância da comunicação em rede, tornaram o acesso à informação sincrônico para a população. E isso se aplica também aos casos de intervenção estratégica com movimentos sociais. A internet tem primazia nas redes sociais, recurso explorado por grupos e movimentos sociais como ferramenta de mobilização popular e divulgação de ações e resultados.

A facilidade de acesso a esses meios de comunicação e, consequentemente, à informação possibilitou à sociedade participar de forma mais efetiva nos processos decisórios e exigir das autoridades um posicionamento. Outro aspecto interessante é que o cidadão passou de consumidor a produtor de informação, podendo até mesmo expor seu ponto de vista e protestar.

As instituições tradicionais passam por um período de inegável descrédito e a divulgação de grandes acontecimentos pelos órgãos de imprensa pode desencadear especulações e fomentar nas redes sociais informações tendenciosas, acarretando outros desdobramentos. Por exemplo, no Brasil, durante a Copa das Confederações e a Copa do Mundo, por meio das redes sociais, grupos sociais indignados incitaram manifestações e, em alguns casos, conflitos marcados pela violência.

Em meio às manifestações e aos tumultos, câmeras digitais, celulares e *tablets* tornaram-se instrumentos para captação de notícias, divulgadas em *blogs* e diversas redes sociais, derrubando a hegemonia das grandes corporações midiáticas, pois todos os manifestantes tornaram-se agentes produtores de notícias.

Nas grandes manifestações ocorridas recentemente no Brasil, mídias independentes captavam áudios e vídeos nos conflitos e os enviavam aos canais independentes, que os editavam conforme lhes conviesse. Foi um desafio para as instituições de segurança pública, que tiveram de se adequar ao novo cenário e passaram a coletar imagens e sons nos mesmos protestos para repassar aos órgãos de imprensa, que podiam analisar as imagens fornecidas por ambos e divulgar, possivelmente, de forma isenta de manipulações.

Com essa espécie de enfraquecimento da imprensa tradicional em face da popularização de meios alternativos de divulgação, as instituições de segurança pública estão estabelecendo parcerias entre si e criando centros integrados de operações, que também realizam a função de divulgação e, consequentemente, formação de opinião de maneira isenta.

Outro ponto extremamente importante é que a divulgação deve ser rápida; do contrário, perde-se a oportunidade e outras fontes tomam o turno no lugar dos órgãos oficiais. Vale o ditado de que "a omissão gera a especulação": se as instituições não expuserem a versão oficial do conflito, outras pessoas podem apresentá-la de maneira unilateral.

Os centros integrados podem receber as imagens e informações das câmeras de monitoramento espalhadas pelos grandes centros, acopladas em veículos oficiais ou, ainda, como equipamentos dos operadores de segurança pública. Ressalte-se que as mesmas redes sociais podem ser usadas como fonte de divulgação dos órgãos oficiais.

Um grande argumento a ser apresentado é o depoimento de pessoas imparciais que participaram da manifestação, sendo que, em alguns casos, os próprios organizadores dos protestos seriam uma fonte fidedigna, pois atuariam como *stakeholders*\*.

Algumas instituições de segurança pública do país aprenderam muito com os confrontos decorrentes das manifestações que ocorreram nos últimos anos. Um exemplo é a divulgação pelos mais diversos meios, com a distribuição antecipada de panfletos para orientar a população sobre um evento, esclarecer que está previsto o comparecimento das forças de segurança para garantir os direitos à segurança, à reunião e à manifestação de todos e divulgar quais condutas são proibidas – por exemplo, portar armas de fogo, brancas ou improvisadas.

Enquanto um grupo se manifesta, outra grande parcela da população não quer ter sua rotina afetada, cabendo aos operadores de segurança pública manejar da melhor forma possível todos esses anseios e direitos. Para tanto, as instituições devem dispor de uma equipe para realizar as atividades de comunicação social e divulgação e uma encarregada da intervenção estratégica com movimentos sociais.

Em alguns órgãos de imprensa, há jornalistas muito jovens (alguns estagiários) e inexperientes, com um conhecimento geral e superficial (não são especialistas em segurança pública), que, infelizmente, podem se posicionar com certa parcialidade (pressionados por seus chefes, pela opinião pública ou mesmo por preconceitos).

De qualquer forma, a liberdade de imprensa\*\* (art. 220 da Constituição Federal) é notória, porém, não pode colocar em risco

---

\* De acordo com Marques (2010, p. 495), *stakeholders* é um termo da língua inglesa usado para indicar as partes interessadas em determinada área – no caso, as pessoas que fazem parte do grupo e que atuam como elo com os demais envolvidos (p. 259).
\*\* A Lei n. 5.250, de 9 de fevereiro de 1967 (Brasil, 1967), regula as liberdades de imprensa, manifestação do pensamento e informação, porém, apresenta pontos de divergência com a Carta Magna, que sempre deve prevalecer.

ou negligenciar outros direitos e garantias fundamentais, como à vida, à incolumidade física e à segurança. "Se por um lado é fundamental ao Estado Democrático de Direito assegurar a liberdade de imprensa e o direito de informação, de outra parte, é também essencial ao mesmo Estado Democrático de Direito asseverar a proteção aos direitos individuais em questão" (Oliveira, D., 2016).

## Para saber mais

O trabalho monográfico de Delma de Jesus Oliveira sobre os limites das liberdades de expressão e imprensa pode ser encontrado em:
OLIVEIRA, D. de J. Liberdade de expressão x liberdade de imprensa. **Brasil Escola**, 2016. Disponível em: <http://monografias. brasilescola.uol.com.br/direito/liberdade-expressao-x-liberdade-imprensa.htm>. Acesso em: 20 dez. 2016.

### 4.9.1 Relacionamento entre serviço de comunicação oficial e mídia

A *expertise* adquirida na atividade profissional nos permite apresentar algumas orientações imprescindíveis para um relacionamento adequado do serviço de comunicação social das instituições públicas de segurança com os órgãos de imprensa, que devem primar pelo profissionalismo e pela ética.

O operador deve divulgar as notícias de acordo com a necessidade de tornar público os atos da Administração Pública, mas observando o cuidado de não repassar informações de caráter reservado para não colocar em risco investigações ou detalhes estratégicos de operações e ações. Ele não deve, ainda, expor opiniões ou impressões pessoais, pois se pronuncia em nome da instituição.

Outro ponto extremamente importante é que o porta-voz ou representante da comunicação social não pode se valer da função para se promover ou se tornar uma espécie de "celebridade", uma vez que fala pela instituição e, por conseguinte, pelo governo a que está vinculado. Assim, as notícias devem expor apenas as informações relevantes, de maneira objetiva e esclarecedora, para atender ao interesse público.

Quando as notícias estão relacionadas à divulgação de dados estatísticos, **o operador sempre deve citar a fonte** e, para maior credibilidade, o mecanismo usado para a coleta de tais dados. Quando as notícias forem sobre ações ou operações e houver a necessidade de apresentar argumentos, que estes sejam totalmente confiáveis, pois nada é pior do que, após divulgada, uma notícia ser colocada em dúvida, em face da apresentação de contra-argumentos mais relevantes ou confiáveis.

Certos fatos requerem a convocação dos órgãos de imprensa para entrevistas coletivas. Fazemos a ressalva, no entanto, de que o órgão de comunicação social da instituição somente deve fazê-la quando o assunto realmente requerer tal forma de divulgação. Para tanto, o órgão deve verificar o horário mais conveniente (preferencialmente, após o almoço ou café), preparar material de apoio, ensaiar se necessário, reservar um local adequado (de fácil acesso, que comporte o público esperado, silencioso e com os meios necessários).

Independentemente da forma de divulgação, a imagem institucional deve ser evidente, ou seja, usar uniforme ou cobertura se esta fizer parte da identificação; já instituições cujos membros trabalham descaracterizadas devem usar a identificação em painéis ou *banners* como pano de fundo. Jamais se deve criar uniformes que não são usados pelos membros da instituição habitualmente, o que apenas gerará confusão na população, ou usar símbolos de órgãos subordinados à instituição que se sobrepõe.

## Para saber mais

A Polícia Militar do Distrito Federal é uma das instituições pioneiras em boas práticas com a nova roupagem das manifestações populares. Para exemplificar, apresentamos o *link* a seguir, no qual está expressa uma das estratégias implementadas pela corporação: SILVA, W. **Orientações sobre cuidados a serem tomados na manifestação de 12 de abril.** 10 abr. 2015. Disponível em: <http://www.pmdf.df.gov.br/site/index.php/noticias/destaques/5875-orientacoes-sobre-cuidados-a-serem-tomados-na-manifestacao-de-12-de-abril>. Acesso em: 20 dez. 2016.

### 4.9.2 Acompanhamento de mídias sociais

Conforme comentamos anteriormente, os recursos tecnológicos disponíveis na sociedade tornaram o acesso às informações muito dinâmico e cada pessoa, integrante ou não de manifestações e tumultos, tornou-se uma potencial fonte de notícias. Assim, da mesma forma que as pessoas podem auxiliar na divulgação, podem ser manipuladas por matérias editadas, eventualmente tendenciosas e até criminosas.

Citamos o seguinte exemplo para ilustrar o que estamos comentando: em 2011, na Inglaterra, os conflitos de causas econômicas e sociais que ocorreram inicialmente em Londres e depois em outras cidades do país foram potencializados pelo uso de um serviço de telefonia celular para divulgar o posicionamento das forças de segurança e seus equipamentos, assim como os pontos vulneráveis na cidade para a prática de saques, vandalismo e incêndios criminosos.

# Para saber mais

Para saber mais sobre os tumultos que ocorreram na Inglaterra em 2011, acesse:
POLÍCIA blinda Londres e violência se espalha pela Inglaterra. **BBC Brasil**, 10 ago. 2011. Disponível em: <http://www.bbc.com/portuguese/noticias/2011/08/110810_violencia_gra_betanha_quarta_rw.shtml?MOB>. Acesso em: 20 dez. 2016.

No Brasil, em 2013, alguns manifestantes organizaram grupos de choque compostos pelos chamados *black blocs*; o atendimento médico ao grupo era feito por estudantes de Medicina e Enfermagem, e a assessoria jurídica, por advogados pais de estudantes ou contratados por movimentos antagônicos (até mesmo contra as causas pacíficas das manifestações); o grupo também contava com a contribuição de pessoas encarregadas da logística (distribuição de água, alimentos, máscaras, fogos de artifício, artefatos explosivos e armas improvisadas).

Considerando esses aspectos, as instituições de segurança pública precisam aprimorar os serviços de inteligência na coleta de informações (em especial, no que diz respeito aos movimentos sociais) e de comunicação social na divulgação das orientações necessárias à população em geral e das informações oficiais do que realmente ocorreu (Silva, 2015).

### 4.9.3 Gestão da comunicação das instituições de segurança pública ante movimentos sociais

Os órgãos de comunicação oficial, por meio de seus porta-vozes, devem divulgar apenas as informações fornecidas pelas comissões institucionais encarregadas das intervenções estratégicas com movimentos sociais. Esse fluxo de informações é importante para evitar constrangimentos, pois a intromissão de pessoas que não fazem parte do manejo e, portanto, não conhecem os detalhes do contexto pode fornecer dados incorretos, capazes de gerar notícias equivocadas.

As comissões de intervenção devem ser formadas por especialistas com experiência em mediação de conflitos e, preferencialmente, especialistas em intervenção estratégica em movimentos sociais com conhecimento técnico necessário para realizar o manejo, de acordo com a situação específica. Esse perfil profissional facilita a criação de um vínculo de confiança com os movimentos sociais; profissionais não habilitados até podem obter êxito nos diálogos, mas isso demandaria tempo, algumas barreiras surgiriam e o resultado positivo não viria em curto prazo. Cabe destacarmos que o conhecimento do operador sobre o assunto é testado, por assim dizer, pelas lideranças dos movimentos sociais – e, caso não tenha a resposta correta e oportuna, o operador tende a cair em descrédito, dando a sensação de que a instituição de segurança pública e até o governo desconsideram aquele grupo.

## Síntese

Neste capítulo, conceituamos movimentos sociais, em seus objetivos e suas características, apresentando a estrutura do modelo tradicional e o novo formato desses grupos.

Mostramos o significado e a importância das intervenções estratégicas policiais como alternativa para o manejo de conflitos com movimentos populares, o mapa estratégico a ser aplicado durante essas intervenções, as boas práticas – tanto no planejamento quanto na execução – para os profissionais de segurança pública na garantia do exercício de direitos fundamentais de seus participantes e as regras de engajamento necessárias em seu emprego em manifestações e em tumultos.

Apresentamos as formas de manejo e as legislações correlatas para a atuação das instituições de segurança pública em greves e conflitos por terra ou moradia.

Elucidamos a estrutura e o funcionamento das torcidas organizadas e, com base na legislação específica, as formas de os profissionais encarregados da intervenção estratégica interagir com esses grupos.

Identificamos a importância do serviço de inteligência para assessorar o operacional nas ações praticadas pelos profissionais de segurança pública com movimentos populares.

Para finalizar, apresentamos o funcionamento da gestão da comunicação nas instituições de segurança pública, o acompanhamento das mídias sociais e as formas de relacionamento das instituições e seus agentes com a mídia oficial e não oficial.

## Estudo de caso

Em 17 de abril de 1996, no município de Eldorado dos Carajás, no sul do Pará, 1.500 integrantes do movimento sem-terra, que ocupavam uma propriedade invadida na região, realizaram uma manifestação para chamar a atenção e pressionar as autoridades para a desapropriação de terras. Durante o protesto, a Polícia Militar do estado foi acionada para intervir na obstrução da BR-155, provocada pelos manifestantes.

O secretário de Estado de Segurança Pública autorizou o uso da força necessária para liberar a rodovia federal. De acordo com alguns invasores entrevistados pela imprensa, os policiais chegaram ao local usando granadas de gás lacrimogêneo e, após uma ofensiva dos manifestantes contra os policiais, alguns destes efetuaram disparos de arma de fogo.

O conflito terminou com 19 manifestantes mortos e dezenas de feridos de ambos os lados. O comandante da operação foi afastado, 155 policiais militares que participaram da operação foram indiciados, o então ministro da Agricultura (responsável pela pauta da reforma agrária) pediu demissão e, uma semana depois, o governo federal criou o Ministério da Reforma Agrária.

Logo após o episódio, circularam imagens pela imprensa mundial destacando os atos de violência de ambos os lados, a maneira como a instituição de segurança pública enfrentou o conflito e a falta de comprometimento dos governos para resolver o problema da reforma agrária no país.

Esse momento fatídico da luta por terras no Brasil demonstra a necessidade de aperfeiçoamento das técnicas e estratégias das instituições de segurança pública, bem como da aplicação da intervenção estratégica em movimentos sociais.

## Questões para revisão

1) Conceitue movimentos sociais.

2) Qual é a diferença entre o modelo tradicional e o novo modelo de movimentos sociais?

3) Em que consistem as intervenções estratégicas em movimentos sociais?

4) No mapa estratégico usado nas intervenções, qual é a sequência das ações essenciais a serem realizadas pelo operador de segurança pública?

5) Qual é o papel do serviço de inteligência nas intervenções estratégicas?

# Questões para reflexão

1) Até que ponto o contexto histórico brasileiro pode explicar os conflitos agrários no país?

2) Como a comunicação social de uma organização pode contribuir para a construção da imagem institucional perante o público?

# Para saber mais

Para se aprofundar nos temas abordados neste capítulo, apresentamos as seguintes legislações e obras:

BRASIL. Ministério do Desenvolvimento Agrário. Departamento de Ouvidoria Agrária e Mediação de Conflitos. **Manual de diretrizes nacionais para execução de mandados judiciais de manutenção e reintegração de posse coletiva**. Brasília, DF, 11 abr. 2008. Disponível em: <http://www.mda.gov.br/sitemda/sites/sitemda/files/user_arquivos_64/Manual_Dir_Nac.pdf>. Acesso em: 20 dez. 2016.

MORAES, A. de. **Direitos humanos fundamentais**: teoria geral. 8. ed. São Paulo: Atlas, 2007.

ONU – Organização das Nações Unidas. **Declaração Universal dos Direitos Humanos**. 1948. Disponível em: <http://www.dudh.org.br>. Acesso em: 20 dez. 2016.

Caro leitor, esperamos que os conhecimentos em mediação de conflitos e intervenções estratégicas em movimentos sociais tenham sido assimilados, pois, na área da segurança pública, a resolução pacífica de conflitos é a alternativa mais viável e menos impactante, cujo baixo custo de implantação requer apenas a capacitação dos operadores nesta seara.

Com esta obra, tencionamos habilitá-lo para realizar ou acompanhar esses manejos. Com grande repercussão ou não, cabe aos profissionais de segurança pública concentrar seus esforços na busca do diálogo, sem deixar de lado as medidas proativas e reativas, que podem evitar o conflito ou, caso ocorra, impedir seu agravamento.

Estimamos que as informações prestadas neste livro permitam ao profissional da segurança pública conhecer melhor o comportamento do ser humano e dos grupos que venha a integrar, ou com os quais venha a interagir, como os movimentos sociais. Tais grupos apresentam ideias, interesses e anseios que necessitam de atenção especial por parte das instituições de segurança pública; caso contrário, podem afetar a ordem e a tranquilidade pública, além do exercício dos direitos constitucionais e humanos.

Por fim, caso tenha interesse em aprofundar seus conhecimentos, recomendamos a leitura dos artigos, obras e legislações, com os respectivos endereços eletrônicos, indicados ao final de cada capítulo e nas próprias referências bibliográficas.

para concluir...

ALVES, B. dos P. **Redes sociais formadas no fenômeno do pânico em multidão**: uma análise via simulação multiagentes. 161 f. Dissertação (Mestrado em Engenharia da Informação) – Universidade Federal do ABC, Santo André, São Paulo, 2011. Disponível em: <http://bdtd.ibict.br/vufind/Record/UFAB_b9588d627131d79e4050ea39e3792220>. Acesso em: 15 dez. 2016.

BARROS, V. A. **Mediação**: forma de solução de conflito e harmonia social. Disponível em: <bdjur.stj.jus.br/jspui/bitstream/2011/18877/Mediação_forma_de_Solução_de_Conflito_e_Harmonia_Social.pdf>. Acesso em: 15 dez. 2016.

BATISTA, A. F. de M. **Um estudo sobre a perspectiva da modelagem de sistemas multiagentes via a teoria das redes sociais.** São Paulo, 2009. Disponível em: <http://bcc.ufabc.edu.br/documentos/ModeloPG.pdf>. Acesso em: 19 dez. 2016.

BERGAMO, M.; CAMAROTTI, G. Sangue em Eldorado. **Veja**, n. 1441, 1996. Disponível em: <http://veja.abril.com.br/idade/em_dia/carajas_capa.html>. Acesso em: 15 dez. 2016.

BERNARDES, C.; MARCONDES, R. C. **Sociologia aplicada à administração**. 5. ed. São Paulo: Saraiva, 2009.

BOEIRA, S. L.; BORBA, J. Os fundamentos teóricos do capital social. **Ambiente & Sociedade**, Resenha, Campinas, v. 9, n. 1, jan./jun. 2006. Disponível em: <http://www.scielo.br/scielo.php?script=sci_arttext&pid=S1414-753X2006000100011>. Acesso em: 16 dez. 2016.

BRASIL. Constituição (1988). **Diário Oficial da União**, Brasília, 5 out. 1988. Disponível em: <http://www.planalto.gov.br/ccivil_03/Constituicao/Constituicao.htm>. Acesso em: 15 dez. 2016.

_____. Lei n. 581, de 4 de setembro de 1850. **Coleção de Leis do Brasil**, Poder Executivo, Rio de Janeiro, GB, 31 dez. 1850a. Disponível em: <http://www.planalto.gov.br/ccivil_03/leis/LIM/LIM581.htm>. Acesso em: 20 dez. 2016.

_____. Lei n. 601, de 18 de setembro de 1850. **Coleção das Leis do Brasil**, Poder Executivo, Rio de Janeiro, GB, 31 dez. 1850b. Disponível em: <http://www.planalto.gov.br/ccivil_03/LEIS/L0601-1850.htm>. Acesso em: 0 dez. 2016.

_____. Lei n. 3.353, de 13 de maio de 1888. **Coleção das Leis do Império do Brasil**, Poder Executivo, Rio de Janeiro, GB, 13 maio 1888. Disponível em: <http://www.planalto.gov.br/ccivil_03/leis/LIM/LIM3353.htm>. Acesso em: 20 dez.. 2016.

_____. Lei n. 4.504, de 30 de novembro de 1964. **Diário Oficial da União**, Poder Legislativo, Brasília, 30 nov. 1964. Disponível em: <http://www.planalto.gov.br/ccivil_03/Leis/L4504.htm>. Acesso em: 20 dez. 2016.

_____. Lei n. 4.898, de 9 de dezembro de 1965. **Diário Oficial da União**, Poder Legislativo, Brasília, DF, 13 dez. 1965. Disponível em: <http://www.planalto.gov.br/ccivil_03/leis/L4898.htm>. Acesso em: 16 dez. 2016.

BRASIL. Lei n. 5.250, de 9 de fevereiro de 1967. **Diário Oficial da União,** Poder Legislativo, Brasília, DF, 10 fev. 1967. Disponível em: <http://www.planalto.gov.br/ccivil_03/leis/L5250.htm>. Acesso em: 20 dez. 2016.

_____. Lei n. 7.783, de 28 de junho de 1989. **Diário Oficial da União**, Poder Legislativo, Brasília, 29 jun. 1989. Disponível em: <http://www.planalto.gov.br/ccivil_03/leis/l7783.htm>. Acesso em: 20 dez. 2016.

_____. Lei n. 9.099, de 26 de setembro de 1995. **Diário Oficial da União**, Poder Legislativo, Brasília, DF, 27 set. 1995. Disponível em: <http://www.planalto.gov.br/ccivil_03/LEIS/L9099.htm>. Acesso em: 15 dez. 2016.

_____. Lei n. 9.307, de 23 de setembro de 1996. **Diário Oficial da União**, Poder Legislativo, Brasília, DF, 24 set. 1996. Disponível em: <http://www.planalto.gov.br/ccivil_03/Leis/L9307.htm>. Acesso em: 15 dez. 2016.

_____. Lei n. 9.455, de 7 de abril de 1997. **Diário Oficial da União**, Poder Legislativo, Brasília, DF, 8 abr. 1997a. Disponível em: <http://www.planalto.gov.br/ccivil_03/leis/L9455.htm>. Acesso em: 16 dez. 2016.

_____. Lei n. 9.503, de 23 de setembro de 1997. **Diário Oficial da União**, Poder Legislativo, Brasília, DF, 24 set. 1997b. Disponível em: <http://www.planalto.gov.br/ccivil_03/LEIS/L9503.htm>. Acesso em: 18 dez. 2016.

_____. Lei n. 10.257, de 10 de julho de 2001. **Diário Oficial da União**, Poder Legislativo, Brasília, DF, 11 jul. 2001. Disponível em: <http://www.planalto.gov.br/ccivil_03/leis/LEIS_2001/L10257.htm>. Acesso em: 20 dez. 2016.

_____. Lei n. 11.340, de 7 de agosto de 2006. **Diário Oficial da União**, Poder Legislativo, Brasília, DF, 8 ago. 2006. Disponível em: <http://www.planalto.gov.br/ccivil_03/_Ato2004-2006/2006/Lei/L11340.htm>. Acesso em: 15 dez. 2016.

_____. Lei n. 12.299 de 27 de julho de 2010. **Diário Oficial da União**, Poder Legislativo, Brasília, DF, 28 jul. 2010. Disponível em: <http://www.planalto.gov.br/ccivil_03/_Ato2007-2010/2010/Lei/L12299.htm>. Acesso em: 20 dez. 2016.

BRASIL. Lei n. 13.060 de 22 de dezembro de 2014. **Diário Oficial da União**, Poder Legislativo, Brasília, DF, 23 dez. 2014. Disponível em: <http://www.planalto.gov.br/ccivil_03/_ato2011-2014/2014/lei/l13060.htm>. Acesso em: 16 dez. 2016.

BRASIL. Lei n. 13.140, de 26 de junho de 2015. **Diário Oficial da União**, Poder Legislativo, Brasília, DF, 29 jun. 2015. Disponível em: <http://www.planalto.gov.br/CCIVIL_03/_Ato2015-2018/2015/Lei/L13140.htm>. Acesso em: 20 dez. 2016.

BRASIL. Ministério da Justiça. Secretaria de Direitos Humanos. Portaria n. 4.226, de 31 de dezembro de 2010. **Diário Oficial da União**, Brasília, DF, 3 jan. 2011. Disponível em: <http://download.rj.gov.br/documentos/10112/1188889/DLFE-54510.pdf/portaria4226usodaforca.pdf>. Acesso em: 20 dez. 2016.

BRASIL. Ministério do Desenvolvimento Agrário. Departamento de Ouvidoria Agrária e Mediação de Conflitos. **Manual de diretrizes nacionais para execução de mandados judiciais de manutenção e reintegração de posse coletiva**. Brasília, DF, 11 abr. 2008. Disponível em: <http://www.mda.gov.br/sitemda/sites/sitemda/files/user_arquivos_64/Manual_Dir_Nac.pdf>. Acesso em: 20 dez. 2016.

BRASIL. Secretaria Nacional de Segurança Pública. Resolução n. 1, de 15 de julho de 2009. **Diário Oficial da União**, Brasília, DF, 14 ago. 2009. Disponível em: <http://sintse.tse.jus.br/documentos/2009/Ago/14/000077395>. Acesso em: 20 dez. 2016.

CAMARGO, H. Como foi o massacre do Carandiru? **Revista Superinteressante**, n. 216, 31 jul. 2005. Disponível em: <http://super.abril.com.br/historia/como-foi-o-massacre-do-carandiru>. Acesso em: 15 dez. 2016.

CNASP – Coletivo Nacional de Advogados de Servidores Públicos. **Cartilha Greve no serviço público**: base legal, precedentes judiciais, orientações ao sindicato e grevistas. 2011. Disponível em: <http://mediaenterprise.dohmsweb.com.br/mediafiles.sindtest.org.br/documentos/64_475.pdf>. Acesso em: 20 dez. 2016.

DORECKI, A. C.; BRITO, R. M. de. **Manual de controle de distúrbios civis**. 4. ed. Curitiba: AVM, 2015.

DUARTE, L. Lei de Terras. **InfoEscola**. Disponível em: <http://www.infoescola.com/historia/lei-de-terras/>. Acesso em: 20 dez. 2016.

EGITO condena 11 pessoas à morte por tragédia de Port Said em 2012. **Globo Esporte**, Futebol Internacional, 19 abr. 2015. Disponível em: <http://globoesporte.globo.com/futebol/futebol-internacional/noticia/2015/04/egito-condena-11-pessoas-morte-por-tragedia-de-port-said-em-2012.html>. Acesso em: 19 dez. 2016.

FERNÁNDEZ, I. **Prevenção da violência e solução de conflitos**: o clima escolar como fator de qualidade. São Paulo: Madras, 2005.

FIGUEIRÓ, J. Efeito manada motiva massas. **O Estado de São Paulo**. Entrevista. 31 out. 2009. Disponível em: <http://www.estadao.com.br/noticias/geral,efeito-manada-motiva-massas,459245>. Acesso em: 19 dez. 2016.

FOUCAULT, M. **Vigiar e punir**: nascimento da prisão. Tradução de Raquel Ramalhete. 35. ed. Petrópolis: Vozes, 2008.

FREUD, S. **Psicologia das massas e análise do eu e outros textos**. São Paulo: Companhia das Letras, 2011.

FROZ, S. C. C.; LOPES, J. B. ONGs e movimentos sociais: elementos conceituais. In: REUNIÃO ANUAL DA SBPC, 57., 2005, Fortaleza. **Anais...** Disponível em: <http://www.sbpcnet.org.br/livro/57ra/programas/SENIOR/RESUMOS/resumo_343.html>. Acesso em: 19 dez. 2016.

GASTALDO, E. Esporte, violência e civilização: uma entrevista com Eric Dunning. **Horizontes Antropológicos**, Porto Alegre, v. 14, n. 30, jul./dez. 2008. Disponível em: <http://www.scielo.br/scielo.php?pid=S0104-71832008000200009&script=sci_arttext&tlng=e!n>. Acesso em: 19 dez. 2016.

GIRBAL, E. L. R. **Édipo em Karamazov**: uma análise psicológica d'Os Irmãos Karamazov de F. Dostoievsky. 76 f. Dissertação (Mestrado em Psicologia Clínica) – Instituto Superior de Psicologia Aplicada, 2010. Disponível em: <http://repositorio.ispa.pt/bitstream/10400.12/3608/1/12663.pdf>. Acesso em: 15 dez. 2016.

GOMIDE, R. Laudo aponta superlotação em São Januário na decisão. **Folha de S.Paulo**, Esporte, 30 jan. 2001. Disponível em: <http://www1.folha.uol.com.br/fsp/esporte/fk3001200108.htm>. Acesso em: 19 dez. 2016.

GONÇALO JUNIOR; CHADE, J. A tragédia que mudou o futebol: os 30 anos do drama de Heysel. **Estadão**, 2015. Disponível em: <http://infograficos.estadao.com.br/esportes/tragedia-futebol-30-anos-heysel/>. Acesso em: 18 dez. 2016.

HARVEY, D. et al. **Cidades rebeldes**: passe livre e as manifestações que tomaram as ruas do Brasil. São Paulo: Boitempo; Carta Maior, 2013.

HARVEY, D. et al. **Occupy**: movimentos de protesto que tomaram as ruas. São Paulo: Boitempo; Carta Maior, 2012. (Coleção Tinta Vermelha).

ISEP – Instituto Superior de Engenharia do Porto. **Estilos de comunicação**. Disponível em: <https://mixordiaisep.wordpress.com/estilos-de-comunicacao/>. Acesso em: 15 dez. 2016.

LAFER, C. 'A violência é a força sem medida. A força é a violência com medida'. **Estadão**, 22 jul. 2012. Disponível em: <http://sao-paulo.estadao.com.br/noticias/geral,a-violencia-e-a-forca-sem-medida-a-forca-e-a-violencia-com-medida-imp-,903731>. Acesso em: 16 dez. 2016.

LE BON, G. **Psicologia das multidões**. Lisboa: Edições Roger Delraux, 1980.

MADER, J. **Resolução de conflitos**. Texto adaptado de The Student Counseling Virtual Pamphlet Collection. GAPsi-FCUL – Gabinete de Apoio Psicológico, 2009. Disponível em: <https://www.ciencias.ulisboa.pt/sites/default/files/fcul/institucional/gapsi/Resolucao_de_Conflitos.pdf>. Acesso em: 15 dez. 2016.

MARIVOET, S. Violência nos espetáculos de futebol. **Sociologia: problemas e práticas**, n. 12, p. 137-153, 1992. Disponível em: <http://sociologiapp.iscte.pt/pdfs/28/291.pdf>. Acesso em: 19 dez. 2016.

MARMANILLO, J. Grupos sociais. Blog Mangue Sociológico, 17 set. 2010. Disponível em: <http://manguevirtual.blogspot.com.br/2010/09/grupos-sociais.html>. Acesso em: 15 set. 2016.

MARQUES, A. **Dicionário inglês/português, português/inglês**. 3. ed. São Paulo: Ática, 2010.

MASLOW, A.; FRAGER, R.; FADIMAN, J. **Motivation and Personality**. New York: Harper & Row, 1970.

MAWSON, A. R. **Mass Panic and Social Attachment**: the Dynamics of Human Behavior. Hampshire: Ashgate, 2007.

MELLO, C. A. B. de. **Curso de direito administrativo**. 19. ed. São Paulo: Malheiros, 2005.

MONTENEGRO, C. Black Blocs cativam e assustam manifestantes mundo afora. **BBC Brasil**, 8 out. 2013. Disponível em: <http://www.bbc.com/portuguese/noticias/2013/09/130822_black_block_protestos_mm>. Acesso em: 14 dez. 2016.

MORAES, A. de. **Direitos humanos fundamentais**: teoria geral. 8. ed. São Paulo: Atlas, 2007.

MUSZKAT, M. E. **Guia prático de mediação de conflitos em famílias e organizações**. 2. ed. São Paulo: Summus, 2008.

NASCIMENTO, E. M.; EL SAYED, K. M. Administração de conflitos. In: FACULDADES BOM JESUS. **Capital humano**. Curitiba: Associação Franciscana de Ensino Senhor Bom Jesus, 2002. p. 47-56. (Coleção Gestão Empresarial, v. 5).

NAZARETH, E. R. **Mediação**: o conflito e a solução. São Paulo: Arte Paubrasil, 2009.

OLIVEIRA, D. de J. Liberdade de expressão x liberdade de imprensa. **Brasil Escola**, 2016. Disponível em <http://monografias.brasilescola.uol.com.br/direito/liberdade-expressao-x-liberdade-imprensa.htm>. Acesso em: 20 dez. 2016.

OLIVEIRA, P. S. de. **Introdução à sociologia**. São Paulo: Ática, 2001.

ONU – Organização das Nações Unidas. **Declaração Universal dos Direitos Humanos**. 1948. Disponível em: <http://www.dudh.org.br>. Acesso em: 16 set. 2016.

OLIVEIRA, N. Desastre em Mariana é o maior acidente mundial com barragens. **Agência Brasil**, 15 jan. 2016. Disponível em: <http://noticias.terra.com.br/brasil/desastre-em-mariana-e-o-maior-acidente-mundial-com-barragens-em-100-anos,874a54e18a812fb7cab2d7532e9c4b72ndnwm3fp.html>. Acesso em: 14 dez. 2016.

PINTO, T. dos S. Black bloc: movimento ou tática? **Mundo Educação**. Disponível em: <http://mundoeducacao.bol.uol.com.br/historiadobrasil/black-bloc-movimento-ou-tatica.htm>. Acesso em: 14 dez. 2016.

POLÍCIA blinda Londres eviolência se espalha pela Inglaterra. **BBC Brasil**, 10 ago. 2011. Disponível em: <http://www.bbc.com/portuguese/noticias/2011/08/110810_violencia_gra_betanha_quarta_rw.shtml?MOB>. Acesso em: 20 dez. 2016.

PORTAL GESTÃO. **Estilos de comunicação em liderança.**
31 jan. 2010. Disponível em: <https://www.portal-gestao.com/artigos/2554-estilos-de-comunicação-em-liderança.html>. Acesso em: 15 dez. 2016.

PRIETO, C. G. Aspectos psicossociais em situações de desastre. In: CURSO INTERNACIONAL LÍDERES: SAÚDE, DESASTRES E DESENVOLVIMENTO, 2007, Brasília. Disponível em: <http://www.disaster-info.net/lideres/portugues/brasil_07/apresentacoes/ap.pdf>. Acesso em: 19 dez. 2016.

PUTNAM, R. D. Bowling Alone: America's Declining Social Capital. **Journal of Democracy**, v. 6, n. 1, p. 65-78, Jan. 1995.

RAMOS, J. H. B. Grupos sociais. **Portal Educação**, Psicologia, 12 jun. 2014. Disponível em: <http://www.portaleducacao.com.br/psicologia/artigos/57230/grupos-sociais>. Acesso em: 16 dez. 2016.

REIS, H. dos. S. **A utilização da mediação de conflitos nas atividades policiais.** Disponível em: <http://www.policiamilitar.sp.gov.br/unidades/caes/artigos/Artigos%20pdf/Helena%20dos%20Santos%20Reis.pdf>. Acesso em: 16 dez. 2016.

REIS, H. H. B. dos; LOPES, F. T. P.; MARTINS, M. Z. As explicações de Eric Dunning sobre o hooliganismo à luz do contexto brasileiro: uma reflexão crítica. **Movimento**, Porto Alegre, v. 21, n. 3, p. 617-632, jul./set. 2015. Disponível em: <http://www.seer.ufrgs.br/Movimento/article/viewFile/48189/35139>. Acesso em: 19 dez. 2016.

RESK, F. Black blocs detidos serão indiciados por organização criminosa. **O Estado de São Paulo**, 13 jan. 2016. Disponível em: <http://sao-paulo.estadao.com.br/noticias/geral,black-blocs-serao-indiciados-por-organizacao-criminosa,1820931>. Acesso em: 14 dez. 2016.

RIBEIRO, P. S. Movimentos sociais: breve definição. **Brasil Escola**. Disponível em <http://brasilescola.uol.com.br/sociologia/movimentos-sociais-breve-definicao.htm>. Acesso em: 19 dez. 2016.

ROZEN, S. C. de. As construções teóricas e práticas sobre os conceitos de emergência e desastres. In: SEMINÁRIO NACIONAL DE PSICOLOGIA DAS EMERGÊNCIAS E DOS DESASTRES:

CONTRIBUIÇÕES PARA A CONSTRUÇÃO DE COMUNIDADES
MAIS SEGURAS, 1., 2006, Brasília. **Anais...** Brasília: Finatec/
UNB, 2006. p. 39-44.

SAMPAIO, L. R. C.; BRAGA NETO, A. **O que é mediação de
conflitos?** São Paulo: Brasiliense, 2007. (Coleção Primeiros Passos,
n. 325).

SANTOS, V. S. dos. Acidente em Mariana (MG) e seus impactos
ambientais. **Mundo Educação.** Disponível em: <http://
mundoeducacao.bol.uol.com.br/biologia/acidente-mariana-mg-seus-
impactos-ambientais.htm>. Acesso em: 14 dez. 2016.

SILVA, G. B. de C. **O papel da Defensoria Pública na mediação
de conflitos fundiários urbanos.** Disponível em: <http://
gilbragacastro.jusbrasil.com.br/artigos/147578223/o-papel-da-
defensoria-publica-na-mediacao-de-conflitos-fundiarios-urbanos>.
Acesso em: 15 dez. 2016.

SILVA, W. **Orientações sobre cuidados a serem tomados na
manifestação de 12 de abril.** 10 abr. 2015. Disponível em:
<http://www.pmdf.df.gov.br/site/index.php/noticias/destaques/5875-
orientacoes-sobre-cuidados-a-serem-tomados-na-manifestacao-de-
12-de-abril>. Acesso em: 20 dez. 2016.

SIMÕES, J. da S.; VASCONCELOS, F. J. M. Infanticídio em
tribos indígenas brasileiras. **Revista Expressão Católica**,
v. 3, n. 2, p. 67-72, jul./dez. 2014. Disponível em: <http://
revistaexpressaocatolica.fcrs.edu.br/wp-content/uploads/
artigos/2015/v4n1/ART8.pdf>. Acesso em: 15 dez. 2016.

SIRICO, R. Tragédia com 96 mortos que mudou o futebol na
Inglaterra completa 20 anos. **Globo.com**, Futebol, 15 abr. 2009.
Disponível em: <http://globoesporte.globo.com/Esportes/Noticias/
Futebol/0,,MUL1083776-9842,00-TRAGEDIA+COM+MORTOS+Q
UE+MUDOU+O+FUTEBOL+NA+INGLATERRA+COMPLETA+A
NOS.html>. Acesso em: 19 dez. 2016.

SOUSA, R. G. Capitanias hereditárias. **Brasil Escola**. Disponível em
<http://brasilescola.uol.com.br/historiab/capitanias-hereditarias.
htm>. Acesso em: 20 dez. 2016.

STEINBERG, J. G. **Desenvolvimento de modelo para simulação de situações de evacuação de multidões**. Dissertação (Mestrado em Engenharia Civil) – Universidade de Campinas, Campinas, 2005.

TOCH, H. **The Social Psychology of Social Movements**. New York: Routledge, 2014.

TRADIÇÃO indígena faz pais tirarem a ida de crianças com deficiência física. **G1**, Fantástico, 7 dez. 2014. Disponível em: <http://g1.globo.com/fantastico/noticia/2014/12/tradicao-indigena-faz-pais-tirarem-vida-de-crianca-com-deficiencia-fisica.html>. Acesso em: 15 dez. 2016.

VIEGAS, C. M. de A. R. O princípio da supremacia do interesse público: uma visão crítica da sua devida conformação e aplicação. **Âmbito Jurídico**, Rio Grande, v. 14, n. 86, mar. 2011. Disponível em: <http://www.ambito-juridico.com.br/site/?n_link=revista_artigos_leitura&artigo_id=9092&revista_caderno=4>. Acesso em: 15 dez. 2016.

WEIL, P.; TOMPAKOW, R. **O corpo fala**: a linguagem silenciosa da comunicação não-verbal. Rio de Janeiro: Vozes, 1986.

WHO – World Health Organization. **World Report on violence and health**. Geneva, 1996. Disponível em: <http://www.who.int/violence_injury_prevention/violence/world_report/en/introduction.pdf>. Acesso em: 15 dez. 2016.

WHO – World Health Organization. **Putting Women First**: Ethical and Safety Recommendations for Research on Domestic Violence against Women. Geneva, 2001. Disponível em: <http://www.who.int/gender/violence/womenfirtseng.pdf>. Acesso em 15 dez. 2016.

# Capítulo 1

Questões para revisão

1. Conflitos são discordâncias entre pessoas ou grupos sobre determinado assunto e, dependendo da proporção, podem desencadear discussões, choques, lutas e guerras, porém, podem ensejar soluções e até a evolução de um cenário. Podem ocorrer entre pessoas, grupos, organizações ou instituições e até países. São um fenômeno essencial para a evolução e a transformação social.

2. d

3. Conflito evidente: É aquele que objetivamente existe e é percebido. É difícil de ser resolvido pacificamente, a menos que haja cooperação mútua ou concordância com um mecanismo institucional imparcial para resolver o conflito.

   Conflito eventual: Sua manutenção depende de circunstâncias que possibilitem uma solução rápida e que atenda às partes envolvidas.

   Conflito reivindicatório: Inicialmente, para tratar de um interesse conflitante, uma massa cria um novo objeto de conflito para que possa ser percebida, o que requer um direcionamento durante o manejo.

   Conflito equivocado: As partes estão enganadas quanto ao objeto e a seus direitos sobre ele, o que pode ser inconsciente ou proposital.

respostas

Conflito oculto: Em um primeiro momento, alguma das partes pode entender que não há conflito, mas este pode estar sendo reprimido por uma das partes ou considerado equivocado.

Conflito suposto: Inicialmente, todo conflito pode ser considerado suposto, mas sua inexistência somente é confirmada quando comprovado que não há fundamento, por todos os meios disponíveis (provas, depoimentos, testemunhas, enfim).

4. d

5. A credibilidade perante seu público-alvo;

A competência por meio de trabalho de alto nível técnico-profissional, embasado legalmente e norteado pelos mais rígidos princípios éticos e morais.

A conduta proativa, por meio da busca de colaboração mútua, pois existem situações que podem ser sanadas na origem.

A imparcialidade de atuar de forma isenta para auxiliar as partes a identificar as causas e os interesses reais no conflito, bem como construir, em conjunto, as alternativas para a solução pacífica e, ao final, estabelecer um acordo sólido e consensual, se possível.

A coerência de tornar público os atos praticados pelos representantes da instituição a qual integra (princípio da publicidade) ou levar em conta o direito à intimidade e à vida privada do ser humano.

Questões para reflexão

1. Apesar de o hooliganismo estar relacionado à violência de supostos torcedores e o nazismo ter praticado atos de genocídio, ambos usam a estratégia de permear o grupo com ideias deturpadas de patriotismo e xenofobia, com a prática de violência.

2. O mediador deve impedir que os **agressivos** se imponham, encorajar os **passivos** a explicitar suas angústias, controlar as participações dos **manipuladores**, incentivar as exposições dos **assertivos** e, por fim, dar as mesmas condições de participação a todas as partes envolvidas.

# Capítulo 2

Questões para revisão

1. O manejo de conflitos é o processo pelo qual uma pessoa, capacitada em tal mister, tem como finalidade construir, em conjunto com as partes conflitantes, a resolução pacífica para determinado conflito.
2. Mediador é o profissional de segurança pública capaz de aproximar as partes e fazê-las compreender as nuances do conflito, aplacando as animosidades e acalmando os ânimos, com o objetivo precípuo de solucioná-lo.
3. b
4. "É o uso intencional da força física ou do poder, real ou em ameaça, contra outra pessoa ou contra si próprio ou contra grupo de pessoas, que resulte ou tenha grande possibilidade de resultar em lesão, morte, dano psicológico, deficiência de desenvolvimento, ou privação" (WHO, 1996, p. 30).
5. Conforme preconiza a Portaria Interministerial n. 4.226/2010, em seu anexo II, é a seleção apropriada do nível de força a ser usado em resposta a uma ameaça iminente ou potencial, com vistas a limitar os meios e instrumentos necessários para sobrepujar a resistência apresentada, assim como diminuir as causas de ferimentos e mortes.

Questões para reflexão

1. Uma das maneiras de realizar o manejo na resolução de conflitos é estabelecer a origem da influência que determinado indivíduo ou grupo tem sobre outro, de que maneira isso ocorre e quais são seus efeitos. O poder pode ser exercido em toda e qualquer interação social, desde relações pessoais até sociais e públicas, ligadas aos cargos e funções desempenhados. Os níveis de poder exercido podem originar os conflitos e, consequentemente, desencadear a violência, inviabilizando a resolução pacífica. Assim, o mediador ou interventor deve distinguir se o poder é construtivo ou autoritário: no primeiro caso, o mediador pode usá-lo como aliado; no segundo, precisa de um esforço maior para

desconstituí-lo na busca de uma solução justa e equânime.

## Capítulo 3

Questões para revisão

1. Freud (2011, p. 14-15) assinala que: "a psicologia individual se dirige ao ser humano em particular, investigando os caminhos pelos quais ele obtém a satisfação de seus impulsos instintuais, mas ela raramente, apenas em condições excepcionais pode abstrair das relações deste ser particular com os outros indivíduos [...] [enquanto] a psicologia das massas trata do indivíduo como membro de uma tribo, um povo, uma casta, uma classe, uma instituição ou como elemento de um grupo de pessoas que, em certo momento e com uma finalidade determinada, se organiza numa massa".

2. A pluralidade de indivíduos; a interação social; a organização; a objetividade e a exterioridade; o conteúdo intencional e o objetivo do grupo; a consciência grupal; a continuidade.

3. Segundo Ramos (2014), "agregado social é uma reunião de pessoas que mantêm entre si o mínimo de comunicação e de relações sociais".

4. B, A, B, B, A, B, B, B, A, A, B

5. É um fenômeno grupal de violência, em que as pessoas, com base em certas informações ou por causa da ausência delas, agem sem planejamento prévio, como manada ou bando. Os membros renunciam a seus valores e participam de uma proposta coletiva, que circula rapidamente dentro do grupo e pode ser apresentada por um líder.

Questões para reflexão

1. O operador de segurança pública deve interagir de forma sociável, buscar parcerias de pessoas que exerçam algum tipo de liderança, divulgar somente informações consistentes e relevantes, formar alianças, estabelecer relações de confiança e respeitar convenções sociais. Tais parcerias podem ser obtidas com administradores do local, promotores ou organizadores do evento, imprensa e líderes de torcidas, entre outros.

2. O aprimoramento da percepção de riscos em situações de perigo, em eventos ou outros

tipos de manifestação popular serve para prevenir tragédias (contenção do impacto emocional dos participantes) e aperfeiçoar as intervenções reativas e recuperativas (avaliação das perdas e recuperação dos recursos de enfrentamento do problema). Como medidas proativas, devemos combater o desconcerto, a minimização da situação, a falta de responsabilidade no desenvolvimento dos planos, a falta de compromisso na gestão dos recursos, a negação, a desqualificação e o desestímulo.

## Capítulo 4

Questões para revisão

1. Os movimentos sociais são grupos organizados de pessoas engajadas em empreender ações coletivas, associadas ao esforço para atingir os interesses do grupo, orientados para a mudança do cenário social e cultural, mas sempre motivadas por uma ideologia política.
2. O modelo tradicional tem uma estrutura organizacional relativamente formal e o novo modelo, por seu turno, é influenciado pela dinâmica das tecnologias e do uso das redes sociais.
3. Consistem nas ações e operações que empregam técnicas e táticas policiais, perante manifestações populares, tumultos e distúrbios civis, tendo como objetivo a promoção e a defesa dos direitos fundamentais, previstos na Constituição Federal, das demais normas do ordenamento jurídico pátrio, bem como das convenções internacionais de que o Brasil é signatário.
4. As ações a serem realizadas nas intervenções estratégicas devem respeitar a seguinte ordem:
   - Deixar a outra parte falar primeiro.
   - Definir as lideranças ou seus representantes.
   - Identificar os pontos mais relevantes e a ordem em que serão tratados.
   - Saber que, em alguns conflitos, será necessário o auxílio de especialistas.
5. Conforme a Resolução n. 1/2009, da Senasp, identificar, acompanhar e avaliar ameaças reais ou potenciais sobre a segurança pública e produzir

conhecimentos e informações que subsidiem planejamento e execução de políticas de Segurança Pública, bem como ações para prevenir, neutralizar e reprimir atos criminosos de qualquer natureza, de forma integrada e em subsídio à investigação e à produção de conhecimentos".

Questões para reflexão

1. O contexto histórico brasileiro, no que diz respeito aos conflitos agrários, está diretamente relacionado à má distribuição de terras, ao não cumprimento da legislação pertinente e à carência de políticas públicas efetivas.

2. Em primeiro lugar, as instituições de segurança pública devem investir em profissionais especializados em comunicação social, realizar atividades sociais para aproximar a sociedade das organizações e aprimorar a gestão de notícias por meio da comunicação social, priorizando ações proativas.

**André Cristiano Dorecki** graduou-se no Curso de Formação de Oficiais pela Academia Policial Militar do Guatupê (APMG) da Polícia Militar do Paraná (PMPR). Tem licenciatura em línguas portuguesa e inglesa pela Pontifícia Universidade Católica do Paraná (PUC-PR) e é especialista em Gestão Pública pela Universidade Estadual de Ponta Grossa (UEPG), Direito Militar Contemporâneo pela Universidade Tuiuti do Paraná (UTP) e Planejamento em Segurança Pública no Curso de Aperfeiçoamento de Oficiais pela Universidade Federal do Paraná (UFPR) e pela APMG.

Desenvolve estudos nas áreas de intervenções estratégicas em movimentos sociais, gestão de multidões, controle de tumultos e distúrbios civis, uso diferenciado da força e técnicas e tecnologias não letais. É tutor em cursos de educação a distância da Secretaria Nacional de Segurança Pública (Senasp) e instrutor da Força Nacional de Segurança Pública (FNSP), do Batalhão de Operações Especiais (Bope) e da APMG.

É coautor do Manual de Controle de Distúrbios Civis da Polícia Militar do Paraná, que está na quarta edição.

Os papéis utilizados neste livro, certificados por instituições ambientais competentes, são recicláveis, provenientes de fontes renováveis e, portanto, um meio responsável e natural de informação e conhecimento.

FSC
www.fsc.org
MISTO
Papel produzido
a partir de
fontes responsáveis
FSC® C103535

Impressão: Reproset
Janeiro/2023